FAVOLE BILINGUE

Racconti Classici Per Migliorare E Velocizzare
L'apprendimento Dell'inglese Nei Bambini

Sarah Middleton

Indice

Introduzione

Ci sono molti buoni motivi per offrire ai propri figli un'educazione bilingue: può essere una scelta dettata dal contesto di vita in una comunità multilingue, dal desiderio di migliorare le prospettive lavorative o dalla volontà di trasmettere entrambe le culture di origine, quando i genitori vengono da Paesi diversi. Ma oltre all'arricchimento culturale, imparare più di una lingua offre anche vantaggi cognitivi: chi è bilingue infatti mostra un rendimento migliore nelle attività che richiedono un'attenzione selettiva, come la concentrazione, l'inibizione e la capacità di spostare l'attenzione tra più elementi nella risoluzione dei problemi. Secondo la teoria attuale, parlare due lingue richiede un'attenzione selettiva per ridurre al minimo le interferenze reciproche e garantire l'uso appropriato di una o dell'altra lingua – e questa attenzione linguistica selettiva migliora lo sviluppo di altri processi di controllo esecutivo.

È per questo che pensiamo che un'educazione bilingue sia una buona cosa, anzi, ottima! Ma diciamocelo, non è proprio la cosa più facile del mondo.

Tra le gioie e difficoltà quotidiane di crescere dei bambini e i consigli di parenti, amici, insegnanti e persino di perfetti sconosciuti, si insinua qualche dubbio:

"E se poi i tuoi bambini fanno confusione e mischiano le due lingue? Secondo me dovresti lasciar perdere."

"Sei sicura di voler crescere tua figlia con due lingue? Ho sentito dire che così avrà più difficoltà a gestire input diversi e inizierà a parlare molto più tardi del normale."

"Tuo figlio ha già problemi a scuola, gli renderai le cose ancora più difficili se lo costringi a imparare due lingue alla volta."

E così, un convinto "sì! vogliamo crescere i nostri figli con due lingue!" diventa un tentennante "mah, forse dovremmo lasciar stare, non sembra un'idea così buona dopotutto…"

Per quanto ci riguarda, siamo sicuri che valga la pena crescere i figli in un contesto bilingue, ma non vogliamo certo contribuire all'assalto di consigli non richiesti che confondono solo le idee ai genitori. Per fare un po' di chiarezza, abbiamo consultato qualche ricerca scientifica per distinguere i fatti comprovati dalle semplici opinioni. Ecco quindi un riepilogo di vari studi che aiutano a sfatare alcuni miti e placare i timori sull'educazione bilingue dei bambini.

Il primo mito: "Tuo figlio avrà più difficoltà a gestire due lingue alla volta e inizierà a parlare più tardi del normale."

Se l'acquisizione simultanea di due lingue fosse al di là della capacità media dei bambini nell'età dello sviluppo, vedremmo dei ritardi nello sviluppo di chi cresce bilingue: inizierebbe a parlare più tardi rispetto a chi cresce con una sola lingua madre. Ma non è così – come indicano gli studi citati di seguito, il bilinguismo non è correlato a ritardi nello sviluppo, né nelle fasi iniziali né nelle successive tappe fondamentali dell'acquisizione del linguaggio.

Ad esempio, uno studio del Professor Kimbrough Oller, pubblicato sul Journal of Child Language nel 1997, ha osservato un gruppo di 73 bambini che stava imparando sia lo spagnolo che l'inglese a Miami: hanno iniziato a esprimersi con la vocalizzazione (il cosiddetto "babbling") alla stessa età dei bambini cresciuti con un'educazione monolingue. Inoltre, tre diversi studi di Fred Genessee (2003), J.L. Patterson & B.Z. Pearson (2004) e L.A. Petitto (2001) hanno dimostrato che i bambini bilingui producono le loro prime parole alla stessa età dei monolingui — e ciò si applica non solo alle lingue parlate, ma anche al linguaggio dei segni. Quando si tratta di ampiezza del vocabolario, in effetti si riscontra spesso un vocabolario meno ampio tra i bambini bilingui – ma solo prendendo in considerazione ogni lingua separatamente. Se invece si considerano entrambe le lingue, come in uno studio di L. Bedore del 2005, emerge chiaramente che i bambini bilingui conoscono almeno lo stesso numero di parole dei loro coetanei monolingui — se non addirittura di più. Un altro studio, condotto nel 1996 a Montreal da Johanne Paradis e Fred Genesee, ha osservato un gruppo di bambini che stavano imparando sia il francese che l'inglese e constatato che iniziavano a produrre le prime combinazioni di parole nella stessa fase dello sviluppo dei bambini monolingui, tra il primo anno e mezzo e i due anni di età.

Le conclusioni di queste ricerche indicano che i bambini possono gestire più input linguistici di quanto si pensi e non restano confusi dall'apprendimento di due lingue alla volta; il loro sviluppo non subisce rallentamenti e imparano esattamente la stessa quantità di parole dei loro coetanei monolingui.

Il secondo mito: "Se tuo figlio impara due lingue alla volta, finirà per far confusione."

Un'altra preoccupazione dei genitori è che i figli non si rendano conto di stare imparando due lingue diverse e finiscano per fare una gran confusione, combinando miscugli o magari addirittura bloccandosi nell'incertezza su quale lingua parlare ogni volta. Ma questo timore non trova conferma nella ricerca scientifica, nemmeno per le fasi iniziali dell'acquisizione del linguaggio.

Non sono i bambini ad avere le idee confuse

In uno studio del 2002, Blagovesta Maneva e Fred Genesee hanno osservato che le prime vocalizzazioni di un bambino di una coppia franco-inglese differivano a seconda di quando interagiva con la madre di lingua inglese o il padre di lingua francese. Anche i bambini più grandi che hanno già iniziato a parlare sono in grado di usare le due lingue in modo appropriato, persino con sconosciuti appena incontrati – come è stato confermato da uno studio sperimentale di Liane Comeau, pubblicato sulla rivista First Language nel 2010. Nell'esperimento, bambini bilingui dai 2 ai 3 anni comunicavano con adulti che parlavano solo una delle due lingue: quando l'adulto in qualche modo lasciava intendere che non aveva capito, anche con segnali generici come "cosa?", i bambini passavano subito all'altra lingua.

Mix linguistici innocui, a ogni età

Un'idea diffusa è che i bambini bilingui alternino tra due o più lingue nel contesto di una singola conversazione – una pratica nota come code switching (alternanza linguistica) o anche code mixing (mescolanza linguistica). In realtà, è un fenomeno raro tra i bambini. In uno studio del 1995, Fred Genesee ha osservato alcuni bambini di Montreal di circa 2 anni cresciuti con un'educazione bilingue in francese e inglese: in media, mescolavano le lingue in un'unica frase in meno del 3% dei casi. Questi risultati sono stati poi confermati da uno studio indipendente condotto da D. Sauve e Fred Genesee nel

2000, nel quale il code switching avveniva con una frequenza inferiore al 4%.

Questo significa che in almeno il 96% dei casi i bambini non fanno code switching tra le lingue – e anche nel restante 4% dei casi, non dev'essere per forza considerato un problema. Un tempo l'alternanza o mescolanza tra lingue non era vista di buon occhio, ma oggi la si considera un effetto del tutto normale e naturale dell'utilizzo di più lingue. Per chi lavora in un ambiente multilingue come Babbel, è normalissimo comunicare in lingue diverse a seconda della situazione e dell'interlocutore, senza per questo essere considerati vittime di chissà quale confusione generata dalla propriaformazione linguistica.

Anzi, il code mixing nei bambini bilingui può addirittura essere un segno di consapevolezza delle regole grammaticali di ciascuna lingua. Lo conferma il comportamento dei bambini negli studi già citati: anche quando inserivano una parola di una lingua in una frase nell'altra lingua, rispettavano le regole grammaticali di ciascuna. Per esempio, non producevano frasi come "I le like" ("mi piace quello", con il pronome oggetto "le" francese al posto dell'inglese "it"), che in termini di struttura grammaticale della frase sarebbero scorrette in inglese, che vuole il pronome oggetto dopo il verbo (ma non nell'altra madrelingua, il francese, in cui "le" viene prima del verbo). Ciò dimostra chiaramente che i bambini erano consapevoli delle regole grammaticali in entrambe le loro lingue e che le consideravano in modo separato, senza far confusione e trasferire quelle regole dal francese all'inglese e viceversa.

Il terzo mito: "Se tuo figlio ha disturbi dello sviluppo o difficoltà di apprendimento, imparare una seconda lingua gli creerà ancora più problemi."

È naturale temere di rendere le cose ancora più difficili ai bambini che già hanno qualche problema a scuola, ma attenti a non sottovalutare le loro capacità.

Bambini a rischio di difficoltà di apprendimento

La ricerca di Frank Genesee nel 1976 ha dimostrato che tra gli alunni di programmi immersivi in francese e inglese anche chi era a rischio di difficoltà di apprendimento non aveva un rendimento peggiore di chi frequentava programmi solo in lingua inglese. Al contrario, i benefici del programma bilingue erano evidenti: gli alunni avevano livelli più avanzati di francese e il loro rendimento nella comprensione orale e nel parlare la seconda lingua era addirittura paragonabile a quello dei coetanei senza alcuna difficoltà di apprendimento.

Bambini con SLI

La diagnosi di disturbo specifico del linguaggio (DSL, o SLI dall'inglese Specific language impairment) si ha quando il linguaggio nei bambini non si sviluppa in modo tipico ma le difficoltà non possono essere spiegate da fattori come un ritardo generale nello sviluppo cognitivo, anomalie fisiche dell'apparato orale, disturbi dello spettro autistico, danni cerebrali acquisiti o perdita dell'udito. In uno studio del 2003, Johanne Paradies ha messo a confronto due gruppi di bambini dai 7 agli 8 anni con SLI, uno bilingue e l'altro monolingue. Ne è emerso che i bambini bilingui dimostravano livelli equivalenti nei loro punti di forza e di debolezza relativi al linguaggio rispetto ai bambini monolingui. In altre parole, i bambini bilingui non mostravano segni di particolari difficoltà a gestire input in più.

Bambini con disturbi dello sviluppo come la sindrome di Down o i disturbi dello spettro autistico

Anche tra i bambini bilingui con disturbi dello sviluppo come la sindrome di Down o i disturbi dello spettro autistico non si riscontrano differenze significative in termini di capacità linguistiche rispetto ai bambini con gli stessi disturbi ma che hanno imparato solo una lingua. Ciò è stato dimostrato in vari studi, tra cui quelli di E.K. Bird e colleghi del 2005 e di C. Hambly e E. Fombonne nel 2012.

E quindi, che scelta fare?

La scelta resta individuale, ovvio. C'è anche da tener presente che la maggior parte degli studi citati in questo articolo sono stati condotti su bambini bilingui cresciuti in condizioni favorevoli a Montréal, in Canada, dove sia l'inglese che il francese godono di grande diffusione e pari prestigio come lingue. Queste condizioni non si riscontrano certo ovunque nel mondo e non tutti i bambini che crescono in contesti bilingui avranno la stessa esperienza. È importante osservare i propri figli e le loro reazioni, per vedere se il bilinguismo è l'approccio giusto per loro.

Un libro letto in inglese ti dà l'opportunità di comunicare con tuo figlio in lingua in maniera semplice ed economica. Un libro crea il motivo per una conversazione, ad esempio quando descrivi le immagini in inglese osservandole insieme e indicandone i particolari come il colore o la forma, o quando poni al tuo bambino delle domande in lingua prendendo spunto da una frase o da un'illustrazione, senza nemmeno rendertene conto stai comunicando con lui in inglese e stai creando apprendimento.

Leggere incrementa il vocabolario, il bambino acquisirà (e anche tu) in modo naturale tante parole nuove di cui riconoscerà intuitivamente il significato aiutato e supportato da te e dalle immagini; le strutture grammaticali, come la costruzione della frase, vengono assorbite senza dover studiare la grammatica, ma non è sempre semplice leggere ad un bambino , soprattutto se lo fai in una lingua che non è quella madre. Per questo motivo è necessario creare un'abitudine alla lettura.

Nella vita non è tutto rose e fiori, può accadere infatti che un bambino non ne voglia sapere di leggere, soprattutto in inglese, costruire un'abitudine alla lettura vuol dire non arrendersi ad un atteggiamento oppositivo e trovare la chiave per aprire le porte di casa vostra ai libri e alle storie.

Ho parlato dell'importanza della lettura nell'apprendimento linguistico nell'articolo dal titolo Vuoi che tuo figlio impari l'inglese?

L'importanza di leggere in inglese è data dal fatto che "per essere efficace, l'esposizione alla lingua DEVE avvenire con una persona vera, e NON con un dvd, un programma televisivo, un gioco al computer o un giocattolo parlante. Questi dispositivi NON possono sostituire un'interazione reale.

Inoltre, "the more you repeat an action or a thought, the more brain space and connections are dedicated to it", maggiori sono le occasioni per vivere l'inglese maggiore è l'apprendimento. La lettura rappresenta un'occasione facile e veloce per dedicare almeno 15 minuti al giorno all'inglese.

Non è però necessario leggere per 15 minuti tutti d'un fiato!

- Non devi finire il libro
- Non devi leggere tutte le parole
- Parla delle immagini invece
- Esclama quando giri le pagine
- Coinvolgi, fallo tutti i giorni e per almeno 15 minuti.

E non è finita, si impara l'inglese se si instaura una relazione e quella dell'apprendimento condiviso tra mamma e figlio è fortissima.

Leggere ad alta voce è una delle attività più efficaci ed economiche per insegnare inglese a tuo figlio. L'apprendimento linguistico avviene se si costruisce una relazione. L'inglese si impara tramite il rapporto con le persone.

Allora ecco preziose regole per crescere un lettore:

Riacquisisci tu per prima la tua abitudine alla lettura

Se hai lasciato la lettura ai margini della tua vita, adesso è il momento di recuperarla. Fai spazio ai libri, trova il tempo per leggere. Se vuoi allevare un lettore, sii un lettore.

I libri bilingue per bambini sono necessità

Molti genitori credono non sia necessario leggere ai piccolissimi, pensano che i bambini non possano capire, che la pratica della lettura nei primi mesi di vita sia superflua.

I genitori pensano di essere fuori dal giro della lettura se il loro bambino non è almeno grande abbastanza per stare in posizione verticale, ma non è così. Anche i neonati beneficiano dell'esperienza di sentire storie (e non possono lamentarsi del tuo gusto nei libri). Allora approfittane.

Di seguito troverai sei favole classiche.

Ogni favola viene prima presentata in lingua inglese e poi in lingua italiana.

FAVOLE BILINGUE (INGLESE-ITALIANO)

Little Red Riding Hood

Once upon a time there was a sweet little girl. Everyone who saw her liked her, but most of all her grandmother, who did not know what to give the child next. Once she gave her a little cap made of red velvet. Because it suited her so well, and she wanted to wear it all the time, she came to be known as Little Red Riding Hood. One day her mother said to her: "Come Little Red Riding Hood. Here is a piece of cake and a bottle of wine. Take them to your grandmother. She is sick and weak, and they will do her well. Mind your manners and give her my greetings. Behave yourself on the way, and do not leave the path, or you might fall down and break the glass, and then there will be nothing for your sick grandmother."

Little Red Riding Hood promised to obey her mother. The grandmother lived out in the woods, a half hour from the village. When Little Red Riding Hood entered the woods a wolf came up to her. She did not know what a wicked animal he was, and was not afraid of him. "Good day to you, Little Red Riding Hood." - "Thank you, wolf." - "Where are you going so early, Little Red Riding Hood?" - "To grandmother's." - "And what are you carrying under your apron?" - "Grandmother is sick and weak, and I am taking her some cake and wine. We baked yesterday, and they should give her strength." - "Little Red Riding Hood, just where does your grandmother live?" - "Her house is a good quarter hour from here in the woods, under the three large oak trees. There's a hedge of hazel bushes there. You must know the place," said Little Red Riding Hood. The wolf thought to himself: "Now there is a tasty bite for me. Just how are you going to catch her?" Then he said: "Listen, Little Red Riding Hood, haven't you seen the beautiful flowers that are blossoming in the woods? Why don't you go and take a look? And I don't believe you can hear how beautifully the birds are singing. You are walking along as though you were on your way to school in the village. It is very beautiful in the woods."

Little Red Riding Hood opened her eyes and saw the sunlight breaking through the trees and how the ground was covered with beautiful flowers. She thought: "If a take a bouquet to grandmother, she will be very pleased. Anyway, it is still early, and I'll be home on time." And she ran off into the woods looking for flowers. Each time she picked one she thought that she could see an even more beautiful one a little way off, and she ran after it, going further and further into the woods. But the wolf ran straight to the grandmother's house and knocked on the door. "Who's there?" - "Little Red Riding Hood. I'm bringing you some cake and wine. Open the door for me." - "Just press the latch," called out the grandmother. "I'm too weak to get up." The wolf pressed the latch, and the door opened. He stepped inside, went straight to the grandmother's bed, and ate her up. Then he took her clothes, put them on, and put her cap on his head. He got into her bed and pulled the curtains shut.

Little Red Riding Hood had run after flowers, and did not continue on her way to grandmother's until she had gathered all that she could carry. When she arrived, she found, to her surprise, that the door was open. She walked into the parlor, and everything looked so strange that she thought: "Oh, my God, why am I so afraid? I usually like it at grandmother's." Then she went to the bed and pulled back the curtains. Grandmother was lying there with her cap pulled down over her face and looking very strange. "Oh, grandmother, what big ears you have!" - "All the better to hear you with." - "Oh, grandmother, what big eyes you have!" - "All the better to see you with." - "Oh, grandmother, what big hands you have!" - "All the better to grab you with!" - "Oh, grandmother, what a horribly big mouth you have!" - "All the better to eat you with!" And with that he jumped out of bed, jumped on top of poor Little Red Riding Hood, and ate her up.

As soon as the wolf had finished this tasty bite, he climbed back into bed, fell asleep, and began to snore very loudly. A huntsman was just passing by. He thought it strange that the old woman was snoring so loudly, so he decided to take a look. He stepped inside, and in the bed there lay the wolf that he had been hunting for such a long time. "He has eaten the grandmother, but perhaps she still can be saved. I won't shoot him," thought the huntsman. So he took a pair of scissors and cut open his belly. He had cut only a few strokes when he saw the red cap shining through. He cut a little more, and the girl jumped out and cried: "Oh, I was so frightened! It was so dark inside the wolf's body!" And then the grandmother came out alive as well. Then Little Red Riding Hood fetched some large heavy stones. They filled the wolf's body with them, and when he woke up and tried to run away, the stones were so heavy that he fell down dead.

The three of them were happy. The huntsman took the wolf's pelt. The grandmother ate the cake and drank the wine that Little Red Riding Hood had brought. And Little Red Riding Hood thought to herself: "As long as I live, I will never leave the path and run off into the woods by myself if mother tells me not to."

They also tell how Little Red Riding Hood was taking some baked things to her grandmother another time, when another wolf spoke to her and wanted her to leave the path. But Little Red Riding Hood took care and went straight to grandmother's. She told her that she had seen the wolf, and that he had wished her a good day, but had stared at her in a wicked manner. "If we hadn't been on a public road, he would have eaten me up," she said. "Come," said the grandmother. "Let's lock the door, so he can't get in." Soon afterward the wolf knocked on the door and called out: "Open up, grandmother. It's Little Red Riding Hood, and I'm bringing you some baked things." They remained silent, and did not open the door. The wicked one walked around the house several times, and finally jumped onto the roof. He wanted to wait until Little Red Riding Hood went home that evening, then follow her and eat her up in the darkness. But the grandmother saw what he was up to. There was a large stone trough in front of the house. "Fetch a bucket, Little Red Riding Hood," she said. "Yesterday I cooked some sausage. Carry the water that I boiled them with to the trough." Little Red Riding Hood carried water until the large, large trough was clear full. The smell of sausage arose into the wolf's nose. He sniffed and looked down, stretching his neck so long that he could no longer hold himself, and he began to slide. He slid off the roof, fell into the trough, and drowned. And Little Red Riding Hood returned home happily and safely.

Cappuccetto Rosso

C'era una volta una dolce bimbetta; solo a vederla le volevano tutti bene, e specialmente la nonna che non sapeva più che cosa regalarle. Una volta le regalò un cappuccetto di velluto rosso, e poiché, le donava tanto, ed ella non voleva portare altro, la chiamarono sempre Cappuccetto Rosso. Un giorno sua madre le disse: "Vieni, Cappuccetto Rosso, eccoti un pezzo di focaccia e una bottiglia di vino, portali alla nonna; è debole e malata e si ristorerà. Sii gentile, salutala per me, e va' da brava senza uscire di strada, se no cadi, rompi la bottiglia e la nonna resta a mani vuote."

"Sì, farò tutto per bene," promise Cappuccetto Rosso alla mamma, e le diede la mano. Ma la nonna abitava fuori, nel bosco, a una mezz'ora dal villaggio. Quando Cappuccetto Rosso giunse nel bosco, incontrò il lupo, ma non sapeva che fosse una bestia tanto cattiva e non ebbe paura. "Buon giorno, Cappuccetto Rosso," disse questo. "Grazie, lupo." - "Dove vai così presto, Cappuccetto Rosso?" - "Dalla nonna." - "Che cos'hai sotto il grembiule?" - "Vino e focaccia per la nonna debole e vecchia; ieri abbiamo cotto il pane, così la rinforzerà!" - "Dove abita la tua nonna, Cappuccetto Rosso?" - "A un buon quarto d'ora da qui, nel bosco, sotto le tre grosse querce; là c'è la sua casa, è sotto la macchia di noccioli, lo saprai già," disse Cappuccetto Rosso. Il lupo pensò fra s': Questa bimba tenerella è un buon boccone prelibato per te, devi far in modo di acchiapparla. Fece un pezzetto di strada con Cappuccetto Rosso, poi disse: "Guarda un po' quanti bei fiori ci sono nel bosco, Cappuccetto Rosso; perché, non ti guardi attorno? Credo che tu non senta neppure come cantano dolcemente gli uccellini! Te ne stai tutta seria come se andassi a scuola, ed è così allegro nel bosco!"

Cappuccetto Rosso alzò gli occhi e quando vide i raggi del sole filtrare attraverso gli alberi, e tutto intorno pieno di bei fiori, pensò: Se porto alla nonna un mazzo di fiori, le farà piacere; è così presto che arrivo ancora in tempo. E corse nel bosco in cerca di fiori. E quando ne aveva colto uno, credeva che più in là ce ne fosse uno ancora più bello, correva lì e così si addentrava sempre più nel bosco. Il lupo invece andò dritto alla casa della nonna e bussò alla porta. "Chi è?" - "Cappuccetto Rosso, ti porto vino e focaccia; aprimi." - "Non hai che da alzare il saliscendi," gridò la nonna, "io sono troppo debole e non posso alzarmi." Il lupo alzò il saliscendi, entrò, e senza dir motto andò dritto al letto della nonna e la inghiottì. Poi indossò i suoi vestiti e la cuffia, si coricò nel letto, e tirò le cortine.

Ma Cappuccetto Rosso aveva girato in cerca di fiori, e quando ne ebbe raccolti tanti che più non ne poteva portare, si ricordò della nonna e si mise in cammino per andare da lei. Quando giunse si meravigliò che la porta fosse spalancata, ed entrando nella stanza ebbe un'impressione così strana che pensò: "Oh, Dio mio, che paura oggi! e dire che di solito sto così volentieri con la nonna!" Allora si avvicinò al letto e scostò le cortine: la nonna era coricata con la cuffia abbassata sulla faccia, e aveva un aspetto strano. "Oh, nonna, che orecchie grandi!" - "Per sentirti meglio." - "Oh, nonna, che occhi grossi!" - "Per vederti meglio." - "Oh, nonna, che mani grandi!" - "Per afferrarti meglio." - "Ma, nonna, che bocca spaventosa!" - "Per divorarti meglio!" E come ebbe detto queste parole, il lupo balzò dal letto e ingoiò la povera Cappuccetto Rosso.

Poi, con la pancia bella piena, si rimise a letto, s'addormentò e incominciò a russare sonoramente. Proprio allora passò lì davanti il cacciatore e pensò fra s': "Come russa la vecchia! devi darle un'occhiata se ha bisogno di qualcosa." Entrò nella stanza e avvicinandosi al letto vide il lupo che egli cercava da tempo. Stava per puntare lo schioppo quando gli venne in mente che forse il lupo aveva ingoiato la nonna e che poteva ancora salvarla. Così non sparò, ma prese un paio di forbici e aprì la pancia del lupo addormentato. Dopo due tagli vide brillare il cappuccetto rosso, e dopo altri due la bambina saltò fuori gridando: "Che paura ho avuto! Era così buio nella pancia del lupo!" Poi venne fuori anche la nonna ancora viva. E Cappuccetto Rosso andò prendere dei gran pietroni con cui riempirono il ventre del lupo; quando egli si svegliò fece per correr via, ma le pietre erano così pesanti che subito cadde a terra e morì.

Erano contenti tutti e tre: il cacciatore prese la pelle del lupo, la nonna mangiò la focaccia e bevve il vino che le aveva portato Cappuccetto Rosso; e Cappuccetto Rosso pensava fra s': "Mai più correrai sola nel bosco, lontano dal sentiero, quando la mamma te lo ha proibito."

Raccontano pure che una volta Cappuccetto Rosso portava di nuovo una focaccia alla vecchia nonna, e un altro lupo le aveva rivolto la parola, cercando di convincerla a deviare dal sentiero Ma Cappuccetto Rosso se ne guardò bene, andò dritta per la sua strada e disse alla nonna di aver visto il lupo che l'aveva salutata, guardandola però con occhi feroci: "Se non fossimo stati sulla pubblica via, mi avrebbe mangiata!" - "Vieni," disse la nonna, "chiudiamo la porta perché, non entri." Poco dopo il lupo bussò e disse: "Apri, nonna, sono Cappuccetto Rosso, ti porto la focaccia." Ma quelle, zitte, non aprirono; allora il malvagio gironzolò un po' intorno alla casa e alla fine saltò sul tetto per aspettare che Cappuccetto Rosso, a sera, prendesse la via del ritorno: voleva seguirla di soppiatto per mangiarsela al buio. Ma la nonna capì le sue intenzioni. Davanti alla casa c'era un grosso trogolo di pietra, ed ella disse alla bambina: "Prendi il secchio, Cappuccetto Rosso; ieri ho cotto le salsicce, porta nel trogolo l'acqua dove han bollito." Cappuccetto Rosso portò tanta acqua, finché, il grosso trogolo fu ben pieno. Allora il profumo delle salsicce salì alle narici del lupo; egli si mise a fiutare e a sbirciare giù, e alla fine allungò tanto il collo che non poté più trattenersi e incominciò a scivolare: scivolò dal tetto proprio nel grosso trogolo e affogò. Invece Cappuccetto Rosso tornò a casa tutta allegra e nessuno le fece del male.

Snow-white

It was the middle of winter, and the snow-flakes werefalling like feathers from the sky, and a queen sat at her window working, and her embroidery-frame was of ebony. And as she worked, gazing at times out on the snow, she pricked her finger, and there fell from it three drops of blood on the snow. And when she saw how bright and red it looked, she said to herself, "Oh that I had a child as white as snow, as red as blood, and as black as the wood of the embroidery frame!" Not very long after she had a daughter, with a skin as white as snow, lips as red as blood, and hair as black as ebony, and she was named Snow-white. And when she was born the queen died. After a year had gone by the king took another wife, a beautiful woman, but proud and overbearing, and she could not bear to be surpassed in beauty by any one. She had a magic looking-glass, and she used to stand before it, and look in it, and say,

"Looking-glass upon the wall,

Who is fairest of us all?"

And the looking-glass would answer,

"You are fairest of them all."

And she was contented, for she knew that the looking-glass spoke the truth. Now, Snow-white was growing prettier and prettier, and when she was seven years old she was as beautiful as day, far more so than the queen herself. So one day when the queen went to her mirror and said,

"Looking-glass upon the wall,

Who is fairest of us all?"

It answered,

"Queen, you are full fair, 'tis true,

But Snow-white fairer is than you."

This gave the queen a great shock, and she became yellow and green with envy, and from that hour her heart turned against Snow-white, and she hated her. And envy and pride like ill weeds grew in her heart higher every day, until she had no peace day or night. At last she sent for a huntsman, and said, "Take the child out into the woods, so that I may set eyes on her no more. You must put her to death, and bring me her heart for a token." The huntsman consented, and led her away; but when he drew his cutlass to pierce Snow-white's innocent heart, she began to weep, and to say, "Oh, dear huntsman, do not take my life; I will go away into the wild wood, and never come home again." And as she was so lovely the huntsman had pity on her, and said, "Away with you then, poor child;" for he thought the wild animals would be sure to devour her, and it was as if a stone had been rolled away from his heart when he spared to put her to death. Just at that moment a young wild boar came running by, so he caught and killed it, and taking out its heart, he brought it to the queen for a token. And it was salted and cooked, and the wicked woman ate it up, thinking that there was an end of Snow-white.

Now, when the poor child found herself quite alone in the wild woods, she felt full of terror, even of the very leaves on the trees, and she did not know what to do for fright. Then she began to run over the sharp stones and through the thorn bushes, and the wild beasts after her, but they did her no harm. She ran as long as her feet would carry her; and when the evening drew near she came to a little house, and she went inside to rest. Everything there was very small, but as pretty and clean as possible. There stood the little table ready laid, and covered with a white cloth, and seven little plates, and seven knives and forks, and drinking-cups. By the wall stood seven little beds, side by side, covered with clean white quilts. Snow-white, being very hungry and thirsty, ate from each plate a little porridge and bread, and drank out of each little cup a drop of wine, so as not to finish up one portion alone. After that she felt so tired that she lay down on one of the beds, but it did not seem to suit her; one was too long, another too short, but at last the seventh was quite right; and so she lay down upon it, committed herself to heaven, and fell asleep.

When it was quite dark, the masters of the house came home. They were seven dwarfs, whose occupation was to dig underground among the mountains. When they had lighted their seven candles, and it was quite light in the little house, they saw that some one must have been in, as everything was not in the same order in which they left it. The first said, "Who has been sitting in my little chair?" The second said, "Who has been eating from my little plate?" The third said, "Who has been taking my little loaf?" The fourth said, "Who has been tasting my porridge?" The fifth said, "Who has been using my little fork?" The sixth said, "Who has been cutting with my little knife?" The seventh said, "Who has been drinking from my little cup?" Then the first one, looking round, saw a hollow in his bed, and cried, "Who has been lying on my bed?" And the others came running, and cried,

"Some one has been on our beds too!" But when the seventh looked at his bed, he saw little Snow-white lying there asleep. Then he told the others, who came running up, crying out in their astonishment, and holding up their seven little candles to throw a light upon Snow-white. "O goodness! O gracious!" cried they, "what beautiful child is this?" and were so full of joy to see her that they did not wake her, but let her sleep on. And the seventh dwarf slept with his comrades, an hour at a time with each, until the night had passed. When it was morning, and Snow-white awoke and saw the seven dwarfs, she was very frightened; but they seemed quite friendly, and asked her what her name was, and she told them; and then they asked how she came to be in their house. And she related to them how her step-mother had wished her to be put to death, and how the huntsman had spared her life, and how she had run the whole day long, until at last she had found their little house. Then the dwarfs said, "If you will keep our house for us, and cook, and wash, and make the beds, and sew and knit, and keep everything tidy and clean, you may stay with us, and you shall lack nothing." - "With all my heart," said Snow-white; and so she stayed, and kept the house in good order. In the morning the dwarfs went to the mountain to dig for gold; in the evening they came home, and their supper had to be ready for them. All the day long the maiden was left alone, and the good little dwarfs warned her, saying, "Beware of your step-mother, she will soon know you are here. Let no one into the house." Now the queen, having eaten Snow-white's heart, as she supposed, felt quite sure that now she was the first and fairest, and so she came to her mirror, and said,

"Looking-glass upon the wall,

Who is fairest of us all?"

And the glass answered,

"Queen, thou art of beauty rare,

But Snow-white living in the glen

With the seven little men

Is a thousand times more fair."

Then she was very angry, for the glass always spoke the truth, and she knew that the huntsman must have deceived her, and that Snow-white must still be living. And she thought and thought how she could manage to make an end of her, for as long as she was not the fairest in the land, envy left her no rest. At last she thought of a plan; she painted her face and dressed herself like an old pedlar woman, so that no one would have known her. In this disguise she went across the seven mountains, until she came to the house of the seven little dwarfs, and she knocked at the door and cried, "Fine wares to sell! fine wares to sell!" Snow-white peeped out of the windowand cried, "Good-day, good woman, what have you to sell?" - "Good wares, fine wares," answered she, "laces of all colours;"and she held up a piece that was woven of variegated silk. "I need not be afraid of letting in this good woman," thought Snow-white, and she unbarred the door and bought the pretty lace. "What a figure you are, child!" said the old woman, "come and let me lace you properly for once." Snow-white, suspecting nothing, stood up before her, and let her lace her with the new lace; but the old woman laced so quick and tight that it took Snow-white's breath away, and she fell down as dead. "Now you have done with being the fairest," said the old woman as she hastened away. Not long after that, towards evening, the seven dwarfs came home, and were terrified to see their dear Snow-white lying on the ground, without life or motion; they raised her up, and when they saw how tightly she was laced they cut the lace in two; then she began to draw breath, and little by little she returned to life. When the dwarfs heard what had happened they said, "The old pedlar woman was no other than the wicked queen; you must beware of letting any one in when we are not here!" And when the wicked woman got home she went to her glass and said,

"Looking-glass against the wall,

Who is fairest of us all?"

And it answered as before,

"Queen, thou art of beauty rare,

But Snow-white living in the glen

With the seven little men

Is a thousand times more fair."

When she heard that she was so struck with surprise that all the blood left her heart, for she knew that Snow-white must still be living. "But now," said she, "I will think of something that will be her ruin." And by witchcraft she made a poisoned comb. Then she dressed herself up to look like another different sort of old woman. So she went across the seven mountains and came to the house of the seven dwarfs, and knocked at the door and cried, "Good wares to sell! good wares to sell!" Snow-white looked out and said, "Go away, I must not let anybody in." - "But you are not forbidden to look," said the old woman, taking out the poisoned comb and holding it up. It pleased the poor child so much that she was tempted to open the door; and when the bargain was made the old woman said, "Now, for once your hair shall be properly combed." Poor Snow-white, thinking no harm, let the old woman do as she would, but no sooner was the comb put in her hair than the poison began to work, and the poor girl fell down senseless. "Now, you paragon of beauty," said the wicked woman, "this is the end of you," and went off. By good luck it was now near evening, and the seven little dwarfs came home. When they saw Snow-white lying on the ground as dead, they thought directly that it was the step-mother's doing, and looked about, found the poisoned comb, and no sooner had they drawn it out of her hair than Snow-white came to herself, and related all that had passed. Then they warned her once more to be on her guard, and never again to let any one in at the door. And the queen went home and stood before the looking-glass and said,

"Looking-glass against the wall,

Who is fairest of us all?"

And the looking-glass answered as before,

"Queen, thou art of beauty rare,

But Snow-white living in the glen

With the seven little men

Is a thousand times more fair."

When she heard the looking-glass speak thus she trembled and shook with anger. "Snow-white shall die," cried she, "though it should cost me my own life!" And then she went to a secret lonely chamber, where no one was likely to come, and there she made a poisonous apple. It was beautiful to look upon, being white with red cheeks, so that any one who should see it must long for it, but whoever ate even a little bit of it must die. When the apple was ready she painted her face and clothed herself like a peasant woman, and went across the seven mountains to where the seven dwarfs lived. And when she knocked at the door Snow-white put her head out of the window and said, "I dare not let anybody in; the seven dwarfs told me not." - "All right," answered the woman; "I can easily get rid of my apples elsewhere. There, I will give you one." - "No," answered Snow-white, "I dare not take anything." - "Are you afraid of poison?" said the woman, "look here, I will cut the apple in two pieces; you shall have the red side, I will have the white one." For the apple was so cunningly made, that all the poison was in the rosy half of it. Snow-white longed for the beautiful apple, and as she saw the peasant woman eating a piece of it she could no longer refrain, but stretched out her hand and took the poisoned half. But no sooner had she taken a morsel of it into her mouth than she fell to the earth as dead. And the queen, casting on her a terrible glance, laughed aloud and cried, "As white as snow, as red as blood, as black as ebony! this time the dwarfs will not be able to bring you to life again." And when she went home and asked the looking-glass,

"Looking-glass against the wall,

Who is fairest of us all?"

at last it answered,

"You are the fairest now of all."

Then her envious heart had peace, as much as an envious heart can have. The dwarfs, when they came home in the evening, found Snow-white lying on the ground, and there came no breath out of her mouth, and she was dead. They lifted her up, sought if anything poisonous was to be found, cut her laces, combed her hair, washed her with water and wine, but all was of no avail, the poor child was dead, and remained dead. Then they laid her on a bier, and sat all seven of them round it, and wept and lamented three whole days. And then they would have buried her, but that she looked still as if she were living, with her beautiful blooming cheeks. So they said, "We cannot hide her away in the black ground." And they had made a coffin of clear glass, so as to be looked into from all sides, and they laid her in it, and wrote in golden letters upon it her name, and that she was a king's daughter. Then they set the coffin out upon the mountain, and one of them always remained by it to watch. And the birds came too, and mourned for Snow-white, first an owl, then a raven, and lastly, a dove. Now, for a long while Snow-white lay in the coffin and never changed, but looked as if she were asleep, for she was still as' white as snow, as red as blood, and her hair was as black as ebony. It happened, however, that one day a king's son rode through the wood and up to the dwarfs' house, which was near it. He saw on the mountain the coffin, and beautiful Snow-white within it, and he read what was written in golden letters upon it. Then he said to the dwarfs, "Let me have the coffin, and I will give you whatever you like to ask for it." But the dwarfs told him that they could not part with it for all the gold in the world. But he said, "I beseech you to give it me, for I cannot live without looking upon Snow-white; if you consent I will bring you to great honour, and care for you as if you were my brethren." When he so spoke the good little dwarfs had pity upon him and gave him the coffin, and the king's son called his servants and bid them carry it away on their shoulders. Now it happened that as they were going along they stumbled over a bush, and with the shaking the bit of poisoned apple flew out of her throat. It was not long before she opened her eyes, threw up the cover of the coffin, and sat up, alive and well. "Oh dear! where am I?" cried she. The king's son answered, full of joy, "You are near me," and, relating all that had happened, he said, "I would rather have you than anything in the world; come with me to my father's castle and you shall be my bride." And Snow-white was kind, and went with him, and their wedding was held with pomp and great splendour. But Snow-white's wicked step-mother was also bidden to the feast, and when she had dressed herself in beautiful clothes she went to her looking-glass and said,

"Looking-glass upon the wall,

Who is fairest of us all?"

The looking-glass answered,

"O Queen, although you are of beauty rare,

The young bride is a thousand times more fair."

Then she railed and cursed, and was beside herself with disappointment and anger. First she thought she would not go to the wedding; but then she felt she should have no peace until she went and saw the bride. And when she saw her she knew her for Snow-white, and could not stir from the place for anger and terror. For they had ready red-hot iron shoes, in which she had to dance until she fell down dead.

Biancaneve

Una volta, in inverno inoltrato, mentre i fiocchi di neve cadevano dal cielo come piume, una regina cuciva seduta accanto a una finestra dalla cornice d'ebano. E, mentre cuciva e alzava gli occhi per guardare la neve, si punse un dito e tre gocce di sangue caddero nella neve. Il rosso era così bello su quel candore, che ella pensò fra s,: "Avessi un bambino bianco come la neve, rosso come il sangue e nero come il legno della finestra! ." Poco tempo dopo, diede alla luce una bimba bianca come la neve, rossa come il sangue e con i capelli neri come l'ebano; e, per questo, la chiamarono Biancaneve. E, quando nacque, la regina morì. Dopo un anno, il re prese di nuovo moglie: una donna bella, ma orgogliosa; non poteva tollerare che qualcuno la superasse in bellezza. Possedeva uno specchio e, quando vi si specchiava, diceva:-Specchio fatato, in questo castello, hai forse visto aspetto più bello?-E lo specchio rispondeva:-E' il tuo, Regina, di tutte il più bello!-Ed ella era contenta, perché, sapeva che lo specchio diceva la verità. Ma Biancaneve cresceva, diventando sempre più bella e, quand'ebbe sette anni, era bella come la luce del giorno e più bella della regina stessa. Una volta che la regina interrogò lo specchio:-Specchio fatato, in questo castello, hai forse visto aspetto più bello?- Lo specchio rispose:-Il tuo aspetto qui di tutte è il più bello, ma Biancaneve dalla chioma corvina è molto più bella della Regina!-All'udire queste parole, la regina allibì e sbiancò per l'ira e l'invidia. Da quel momento in poi, la sola vista di Biancaneve la sconvolgeva, tanto la odiava. Invidia e superbia crebbero a tal punto in lei, da non lasciarle più pace n, giorno n, notte. Allora chiamò un cacciatore e disse: -Conduci la bambina nella foresta selvaggia, non voglio più vederla. Uccidila e portami i polmoni e il fegato come prova della sua morte-. Il cacciatore obbedì e condusse Biancaneve lontano, ma quando estrasse il coltello per trafiggere il suo cuore innocente, ella si mise a piangere e disse: -Ah, caro cacciatore, risparmiami la vita! Me ne andrò nel bosco e non farò mai più ritorno a casa-. Ed ella era tanto bella, che il cacciatore ne ebbe pietà e disse: -Va' pure, povera bimba-. "Le bestie feroci ti divoreranno ben presto" pensava; ma sentiva che gli si era levato un grosso peso dal cuore, non dovendola più uccidere. E siccome, proprio in quel momento, arrivò di corsa un cinghialetto, lo sgozzò, gli tolse i polmoni e il fegato e li portò alla regina come prova. Ella, nella sua bramosia, li fece cucinare sotto sale e li divorò credendo di mangiare polmoni e il fegato di Biancaneve. Intanto la povera bambina era tutta sola nella grande foresta, e aveva tanta paura che temeva anche le foglie degli alberi e non sapeva cosa fare per porsi in salvo. Allora si mise a correre e corse sulle pietre aguzze e fra le spine; le bestie feroci le passavano accanto, ma senza farle alcun male. Corse finché, la ressero le gambe; sul far della sera, vide una piccola casetta e vi entrò per riposarsi. Nella casetta ogni cosa era minuscola ma straordinariamente linda e aggraziata. C'era un tavolino ricoperto da una candida tovaglietta e apparecchiato con sette piattini: ogni piattino aveva il suo cucchiaino, sette coltellini, sette forchettine e sette bicchierini. Lungo la parete, l'uno accanto all'altro, c'erano sette lettini, coperti di candide lenzuola. Biancaneve aveva tanta fame e tanta sete che mangiò un po' di verdura e di pane da ciascun piattino, e bevve una goccia d vino da ogni bicchierino, poiché, non voleva portare via tutto a uno solo. Poi, dato che era tanto stanca, si sdraiò in un lettino ma non ce n'era uno che le andasse bene: questo era troppo lungo, quell'altro troppo corto; finalmente il settimo fu quello giusto, vi si coricò, si raccomandò a Dio e si addormentò. Quando fu buio arrivarono i padroni di casa: erano sette nani che estraevano i minerali dai monti. Accesero le loro sette candeline e, quando la casetta fu illuminata, si accorsero che era entrato qualcuno, perché, non era tutto in ordine come l'avevano lasciato. Il primo disse: -Chi è seduto sulla mia seggiola?- Il secondo: -Chi ha mangiato dal mio piattino?-. Il terzo. -Chi ha preso un pezzo del mio panino?-. Il quarto: -Chi ha mangiato un po' della mia verdura?-. Il quinto: -Chi ha usato la mia forchettina?-. Il sesto: -Chi ha tagliato con il mio coltellino?-. Il settimo: -Chi ha bevuto dal mio bicchierino?- Poi il primo si guardò intorno e vide che il suo letto era un po' schiacciato e disse: -Chi ha schiacciato il mio lettino?-. Gli altri arrivarono di corsa e gridarono: -Anche nel mio c'è stato qualcuno!-. Ma il settimo, quando guardò nel suo lettino, vi scorse Biancaneve addormentata. Allora chiamò gli altri che accorsero e, gridando di meraviglia, presero le loro sette candeline e illuminarono Biancaneve. -Ah, Dio mio! ah, Dio mio!- esclamarono -che bella bambina!- E la loro gioia fu tale che non la svegliarono ma la lasciarono dormire nel lettino. Il settimo nano dormì con i suoi compagni: un'ora con ciascuno, e la notte passò. Al mattino, Biancaneve si svegliò e, vedendo i sette nani, s'impaurì. Ma essi le chiesero con gentilezza: -Come ti chiami?-. -Mi chiamo Biancaneve- rispose. -Come hai fatto ad arrivare fino alla nostra casa?- chiesero ancora i nani. Allora ella si mise a raccontare che la sua matrigna voleva farla uccidere, ma il cacciatore le aveva risparmiato la vita ed ella aveva corso tutto il giorno, finché, aveva trovato la casina. I nani dissero: -Se vuoi provvedere alla nostra casa, cucinare, fare i letti, lavare, cucire e fare la calza, e tenere tutto in ordine e ben pulito, puoi rimanere con noi e non ti mancherà nulla-. Biancaneve promise che avrebbe fatto tutto ciò, e tenne in ordine la loro casetta. La mattina i nani andavano nei monti in cerca di minerali e dl oro, la sera ritornavano e la cena doveva essere pronta. Durante la giornata la fanciulla era sola e i nani la misero in guardia dicendole: -Fai attenzione alla tua matrigna, farà in fretta a sapere che tu sei qui: non aprire a nessuno-. Ma la regina, credendo di aver mangiato il fegato e i polmoni di Biancaneve, non pensava ad altro se non ch'ella era di nuovo la prima e la più bella; andò davanti allo specchio e disse:-Specchio fatato, in questo castello, hai forse visto aspetto più bello?-E lo specchio rispose:-Il tuo aspetto qui di tutte è il più bello. Ma lontano da qui, in una casina di sette nani, piccina piccina, è Biancaneve dalla chioma corvina molto più bella della Regina!-La regina inorridì poiché, sapeva che lo specchio non mentiva e capì che il cacciatore l'aveva ingannata e che Biancaneve era ancora in vita. E, siccome lo specchio le aveva rivelato che la bambina si trovava fra i monti, presso i sette nani, si mise a pensare nuovamente a come fare per ucciderla: perché, se non era la più bella in tutto il paese, l'invidia non le dava requie. Pensa e ripensa, si tinse il viso e si travestì da vecchia merciaia, riuscendo a rendersi perfettamente irriconoscibile. Così camuffata, passò i sette monti e arrivò fino alla casa dei setti nani; bussò alla porta e gridò: -Roba bella, comprate! comprate!-. Biancaneve diede un'occhiata fuori dalla finestra e disse: -Buon giorno, buona donna, cosa avete da vendere?-. -Roba buona, roba bella- rispose la vecchia -stringhe di tutti i colori.- E, così dicendo, ne tirò fuori una di seta variopinta e gliela mostrò. "Questa brava donna posso lasciarla entrare" pensò Biancaneve "ha buone intenzioni." Aprì la porta e si comprò la stringa colorata. -

Aspetta bimba- disse la vecchia -come se conciata! Vieni per una volta voglio allacciarti io come si deve!- Biancaneve non sospettò nulla di male, le si mise davanti e si lasciò allacciare con la stringa nuova. Ma la vecchia strinse tanto e così rapidamente che a Biancaneve mancò il respiro e cadde a terra come morta. -Finalmente la tua bellezza è tramontata!- disse la perfida donna, e se ne andò. Poco dopo, a sera, ritornarono i sette nani: come si spaventarono nel vedere la loro cara Biancaneve distesa a terra, immobile come se fosse morta! La sollevarono e, vedendo che aveva la vita troppo stretta, tagliarono la stringa. Allora ella incominciò a respirare a fatica, poi, a poco a poco, riprese vigore. Quando i nani udirono ciò che era accaduto, dissero: -La vecchia merciaia non era altri che la regina. Sta' in guardia, e non lasciar entrare nessuno, mentre noi non ci siamo!-. Ma la regina cattiva, appena a casa, andò davanti allo specchio e domandò:-Specchio fatato, in questo castello, hai forse visto aspetto più bello?-E lo specchio rispose:-Il tuo aspetto qui di tutte è il più bello. Ma lontano da qui, in una casina di sette nani, piccina piccina, è Biancaneve dalla chioma corvina molto più bella della Regina!-All'udire queste parole, il sangue le affluì tutto al cuore dallo spavento, poiché, vide che Biancaneve era tornata a vivere. Così si rimise nuovamente a pensare a come potesse sbarazzarsene e pensò di utilizzare un pettine avvelenato. Poi si travestì e prese nuovamente le sembianze di una povera donna, del tutto diversa dalla precedente, però. Passò i sette monti e giunse alla casa dei nani; bussò alla porta e gridò: -Roba bella, comprate! comprate!-. Biancaneve diede un'occhiata fuori e disse: -Non posso lasciar entrare nessuno-. Ma la vecchia disse: -Guarda un po' che bei pettini!-. Tirò fuori quello avvelenato e glielo mostrò. Alla bambina piacque tanto che si lasciò raggirare, aprì la porta e lo comprò. Poi la vecchia disse: -Lascia che ti pettini-. Biancaneve non sospettò nulla di male, ma come la vecchia le infilò il pettine fra i capelli, il veleno agì e la fanciulla cadde a terra come morta. -Finalmente è finita per te!- disse la vecchia, e se ne andò. Ma, per fortuna era quasi sera e i sette nani stavano per ritornare. Non appena videro Biancaneve distesa a terra come morta, pensarono subito a un nuovo imbroglio della cattiva matrigna; si misero a cercare e trovarono il pettine avvelenato. Come l'ebbero tolto, Biancaneve si riebbe e raccontò ciò che le era accaduto. Allora essi le raccomandarono ancora una volta di stare attenta e di non aprire la porta a nessuno. A casa, la regina si mise davanti allo specchio e disse:-Specchio fatato, in questo castello, hai forse visto aspetto più bello?-Come al solito lo specchio rispose:-Il tuo aspetto qui di tutte è il più bello. Ma lontano da qui, in una casina di sette nani, piccina piccina, è Biancaneve dalla chioma corvina molto più bella della Regina!-A queste parole, ella rabbrividì e fremette per la collera. Poi gridò: -Biancaneve deve morire, dovesse costarmi la vita.- Andò in una stanza segreta dove nessuno poteva entrare e preparò una mela velenosissima. Di fuori era così bella rossa, che invogliava solo a vederla, ma chi ne mangiava un pezzetto doveva morire. Quando la mela fu pronta, ella si tinse il viso e si travestì da contadina; così camuffata passò i sette monti e arrivò fino alla casa dei nani. Bussò, Biancaneve si affacciò alla finestra e disse: -Non posso lasciar entrare nessuno, i nani me l'hanno proibito!-. -Non importa- rispose la contadina -venderò lo stesso le mie mele. Tieni, voglio regalartene una.- -No- disse Biancaneve, -non posso accettar nulla.- -Hai forse paura del veleno?- disse la vecchia. -Facciamo così: tu mangerai la parte rossa e io quella bianca.- Ma la mela era fatta con tanta arte che soltanto la parte rossa era avvelenata. Biancaneve desiderava tanto la bella mela e, quando vide che la contadina ne mangiava non poté più trattenersi e allungò la mano per farsi dare la sua metà. Ma al primo boccone, cadde a terra morta. Allora la regina disse: -Questa volta nessuno ti risveglierà!-. Tornò a casa e domandò allo specchio:-Specchio fatato, in questo castello, hai forse visto aspetto più bello?-Finalmente lo specchio rispose:-E' il tuo, Regina, di tutte il più bello!-E il cuore invidioso finalmente ebbe pace, se ci può essere pace per un cuore invidioso. A sera, quando i nani tornarono a casa, trovarono Biancaneve distesa a terra: dalle sue labbra non usciva respiro, era morta. La sollevarono, guardarono se vi fosse qualcosa di velenoso, le slacciarono le vesti, le pettinarono i capelli, la lavarono con acqua e vino, ma inutilmente: la cara bambina era morta e non si ridestò. La distesero allora in una bara, vi si sedettero accanto tutti e sette e la piansero per tre giorni interi. Poi volevano sotterrarla, ma ella era ancora così fresca, le sue guance erano così belle rosse da farla sembrare ancora in vita. Allora dissero -Non possiamo seppellirla nella terra nera- e fecero fare una bara di cristallo, perché, la si potesse vedere da ogni lato, ve la deposero, vi misero sopra il suo nome, a caratteri d'oro, e scrissero che era figlia di re. Poi esposero la bara sul monte, e uno di loro vi rimase sempre a guardia. Anche gli animali vennero a piangere Biancaneve: prima una civetta, poi un corvo e infine una colombella. Biancaneve giacque per molto, molto tempo nella bara, ma non si decompose: sembrava che dormisse poiché, era ancora bianca come la neve, rossa come il sangue e nera come l'ebano. Ma un bel giorno un principe capitò nel bosco e si recò a pernottare nella casa dei nani. Vide la bara di Biancaneve sul monte e lesse ciò che vi era scritto a caratteri d'oro. Allora disse ai nani: -Lasciatemi la bara; vi darò ciò che vorrete in compenso-. Ma i nani risposero: -Non la cediamo per tutto l'oro del mondo-. -Allora regalatemela- disse egli -non posso vivere senza vedere Biancaneve: voglio onorarla e ossequiarla come colei che mi è più cara al mondo.- A queste parole i buoni nani si impietosirono e gli diedero la bara. Il principe ordinò ai suoi servi di portarla sulle spalle. Ora avvenne che essi inciamparono in uno sterpo e per l'urto il pezzo di mela avvelenata che Biancaneve aveva inghiottito le uscì dalla gola. Ella tornò in vita, si mise a sedere e disse: -Ah Dio! dove sono?-. -Sei con me!- rispose il principe pieno di gioia, le raccontò ciò che era avvenuto e aggiunse: -Ti amo al di sopra di ogni altra cosa al mondo; vieni con me nel castello di mio padre, sarai la mia sposa-. Biancaneve acconsentì e andò con lui, e le nozze furono allestite con gran pompa e splendore. Ma alla festa fu invitata la perfida matrigna.

Indossate le sue belle vesti, ella andò allo specchio e disse:-Specchio fatato, in questo castello, hai forse visto aspetto più bello?-Lo specchio rispose:-Qui sei la più bella, oh Regina, ma molto più bella è la sposina!-All'udire queste parole, la cattiva donna si spaventò, e il suo affanno era così grande che non poteva più dominarsi. Da principio non voleva più assistere alle nozze, ma l'invidia la tormentò al punto che dovette andare a vedere la giovane regina. Entrando, vide che non si trattava d'altri che di Biancaneve e impietrì per l'orrore. Ma sulla brace erano già pronte due pantofole di ferro: quando furono incandescenti gliele portarono, ed ella fu costretta a calzare le scarpe roventi e a ballarvi finché, le si bruciarono miseramente i piedi e cadde a terra morta.

Hansel And Gretel

Near a great forest there lived a poor woodcutter and his wife, and his two children; the boy's name was Hansel and the girl's Grethel. They had very little to bite or to sup, and once, when there was great dearth in the land, the man could not even gain the daily bread. As he lay in bed one night thinking of this, and turning and tossing, he sighed heavily, and said to his wife, "What will become of us? we cannot even feed our children; there is nothing left for ourselves."

"I will tell you what, husband," answered the wife; "we will take the children early in the morning into the forest, where it is thickest; we will make them a fire, and we will give each of them a piece of bread, then we will go to our work and leave them alone; they will never find the way home again, and we shall be quit of them."

"No, wife," said the man, "I cannot do that; I cannot find in my heart to take my children into the forest and to leave them there alone; the wild animals would soon come and devour them." - "O you fool," said she, "then we will all four starve; you had better get the coffins ready," and she left him no peace until he consented. "But I really pity the poor children," said the man.

The two children had not been able to sleep for hunger, and had heard what their step-mother had said to their father. Grethel wept bitterly, and said to Hansel, "It is all over with us."

"Do be quiet, Grethel," said Hansel, "and do not fret; 1 will manage something." And when the parents had gone to sleep he got up, put on his little coat, opened the back door, and slipped out. The moon was shining brightly, and the white flints that lay in front of the house glistened like pieces of silver. Hansel stooped and filled the little pocket of his coat as full as it would hold. Then he went back again, and said to Grethel, "Be easy, dear little sister, and go to sleep quietly; God will not forsake us," and laid himself down again in his bed. When the day was breaking, and before the sun had risen, the wife came and awakened the two children, saying, "Get up, you lazy bones; we are going into the forest to cut wood." Then she gave each of them a piece of bread, and said, "That is for dinner, and you must not eat it before then, for you will get no more." Grethel carried the bread under her apron, for Hansel had his pockets full of the flints. Then they set off all together on their way to the forest. When they had gone a little way Hansel stood still and looked back towards the house, and this he did again and again, till his father said to him, "Hansel, what are you looking at? take care not to forget your legs."

"O father," said Hansel, "lam looking at my little white kitten, who is sitting up on the roof to bid me good-bye." - "You young fool," said the woman, "that is not your kitten, but the sunshine on the chimney-pot." Of course Hansel had not been looking at his kitten, but had been taking every now and then a flint from his pocket and dropping it on the road. When they reached the middle of the forest the father told the children to collect wood to make a fire to keep them, warm; and Hansel and Grethel gathered brushwood enough for a little mountain j and it was set on fire, and when the flame was burning quite high the wife said, "Now lie down by the fire and rest yourselves, you children, and we will go and cut wood; and when we are ready we will come and fetch you."

So Hansel and Grethel sat by the fire, and at noon they each ate their pieces of bread. They thought their father was in the wood all the time, as they seemed to hear the strokes of the axe: but really it was only a dry branch hanging to a withered tree that the wind moved to and fro. So when they had stayed there a long time their eyelids closed with weariness, and they fell fast asleep.

When at last they woke it was night, and Grethel began to cry, and said, "How shall we ever get out of this wood? "But Hansel comforted her, saying, "Wait a little while longer, until the moon rises, and then we can easily find the way home." And when the full moon got up Hansel took his little sister by the hand, and followed the way where the flint stones shone like silver, and showed them the road. They walked on the whole night through, and at the break of day they came to their father's house. They knocked at the door, and when the wife opened it and saw that it was Hansel and Grethel she said, "You naughty children, why did you sleep so long in the wood? we thought you were never coming home again!" But the father was glad, for it had gone to his heart to leave them both in the woods alone.

Not very long after that there was again great scarcity in those parts, and the children heard their mother say at night in bed to their father, "Everything is finished up; we have only half a loaf, and after that the tale comes to an end. The children must be off; we will take them farther into the wood this time, so that they shall not be able to find the way back again; there is no other way to manage." The man felt sad at heart, and he thought, "It would better to share one's last morsel with one's children." But the wife would listen to nothing that he said, but scolded and reproached him. He who says A must say B too, and when a man has given in once he has to do it a second time.

But the children were not asleep, and had heard all the talk. When the parents had gone to sleep Hansel got up to go out and get more flint stones, as he did before, but the wife had locked the door, and Hansel could not get out; but he comforted his little sister, and said, "Don't cry, Grethel, and go to sleep quietly, and God will help us." Early the next morning the wife came and pulled the children out of bed. She gave them each a little piece of "bread -less than before; and on the way to the wood Hansel crumbled the bread in his pocket, and often stopped to throw a crumb on the ground. "Hansel, what are you stopping behind and staring for?" said the father.

"I am looking at my little pigeon sitting on the roof, to say good-bye to me," answered Hansel. "You fool," said the wife, "that is no pigeon, but the morning sun shining on the chimney pots." Hansel went on as before, and strewed bread crumbs all along the road. The woman led the children far into the wood, where they had never been before in all their lives. And again there was a large fire made, and the mother said, "Sit still there, you children, and when you are tired you can go to sleep; we are going into the forest to cut wood, and in the evening, when we are ready to go home we will come and fetch you."

So when noon came Grethel shared her bread with Hansel, who had strewed his along the road. Then they went to sleep, and the evening passed, and no one came for the poor children. When they awoke it was dark night, and Hansel comforted his little sister, and said, "Wait a little, Grethel, until the moon gets up, then we shall be able to see the way home by the crumbs of bread that I have scattered along it."

So when the moon rose they got up, but they could find no crumbs of bread, for the birds of the woods and of the fields had come and picked them up. Hansel thought they might find the way all the same, but they could not. They went on all that night, and the next day from the morning until the evening, but they could not find the way out of the wood, and they were very hungry, for they had nothing to eat but the few berries they could pick up. And when they were so tired that they could no longer drag themselves along, they lay down under a tree and fell asleep.

It was now the third morning since they had left their father's house. They were always trying to get back to it, but instead of that they only found themselves farther in the wood, and if help had not soon come they would have been starved.

About noon they saw a pretty snow-white bird sitting on a bough, and singing so sweetly that they stopped to listen. And when he had finished the bird spread his wings and flew before them, and they followed after him until they came to a little house, and the bird perched on the roof, and when they came nearer they saw that the house was built of bread, and roofed with cakes; and the window was of transparent sugar. "We will have some of this," said Hansel, "and make a fine meal. I will eat a piece of the roof, Grethel, and you can have some of the window-that will taste sweet." So Hansel reached up and broke off a bit of the roof, just to see how it tasted, and Grethel stood by the window and gnawed at it. Then they heard a thin voice call out from inside,

"Nibble, nibble, like a mouse,

Who is nibbling at my house?"

And the children answered,

"Never mind, It is the wind."

And they went on eating, never disturbing themselves. Hansel, who found that the roof tasted very nice, took down a great piece of it, and Grethel pulled out a large round window-pane, and sat her down and began upon it.

Then the door opened, and an aged woman came out, leaning upon a crutch. Hansel and Grethel felt very frightened, and let fall what they had in their hands. The old woman, however, nodded her head, and said, "Ah, my dear children, how come you here? you must come indoors and stay with me, you will be no trouble." So she took them each by the hand, and led them into her little house. And there they found a good meal laid out, of milk and pancakes, with sugar, apples, and nuts. After that she showed them two little white beds, and Hansel and Grethel laid themselves down on them, and thought they were in heaven.

The old woman, although her behaviour was so kind, was a wicked witch, who lay in wait for children, and had built the little house on purpose to entice them. When they were once inside she used to kill them, cook them, and eat them, and then it was a feast day with her. The witch's eyes were red, and she could not see very far, but she had a keen scent, like the beasts, and knew very well when human creatures were near. When she knew that Hansel and Grethel were coming, she gave a spiteful laugh, and said triumphantly, "I have them, and they shall not escape me!"

Early in the morning, before the children were awake, she got up to look at them, and as they lay sleeping so peacefully with round rosy cheeks, she said to herself, "What a fine feast I shall have!" Then she grasped Hansel with her withered hand, and led him into a little stable, and shut him up behind a grating; and call and scream as he might, it was no good. Then she went back to Grethel and shook her, crying, "Get up, lazy bones; fetch water, and cook something nice for your brother; he is outside in the stable, and must be fattened up. And when he is fat enough I will eat him." Grethel began to weep bitterly, but it was of no use, she had to do what the wicked witch bade her. And so the best kind of victuals was cooked for poor Hansel, while Grethel got nothing but crab-shells.

Each morning the old woman visited the little stable, and cried, "Hansel, stretch out your finger, that I may tell if you will soon be fat enough." Hansel, however, used to hold out a little bone, and the old woman, who had weak eyes, could not see what it was, and supposing it to be Hansel's finger, wondered very much that it was not getting fatter.

When four weeks had passed and Hansel seemed to remain so thin, she lost patience and could wait no longer. "Now then, Grethel," cried she to the little girl; "be quick and draw water; be Hansel fat or be he lean, tomorrow I must kill and cook him." Oh what a grief for the poor little sister to have to fetch water, and how the tears flowed down over her cheeks! "Dear God, pray help us!" cried she; "if we had been devoured by wild beasts in the wood at least we should have died together."

"Spare me your lamentations," said the old woman; "they are of no avail." Early next morning Grethel had to get up, make the fire, and fill the kettle. "First we will do the baking," said the old woman; "I nave heated the oven already, and kneaded the dough." She pushed poor Grethel towards the oven, out of which the flames were already shining.

"Creep in," said the witch, "and see if it is properly hot, so that the bread may be baked." And Grethel once in, she meant to shut the door upon her and let her be baked, and then she would have eaten her. But Grethel perceived her intention, and said, "I don't know how to do it: how shall I get in?"

"Stupid goose," said the old woman, "the opening is big enough, do you see? I could get in myself!" and she stooped down and put her head in the oven's mouth. Then Grethel gave her a push, so that she went in farther, and she shut the iron door upon her, and put up the bar. Oh how frightfully she howled! but Grethel ran away, and left the wicked witch to burn miserably.

Grethel went straight to Hansel, opened the stable-door, and cried, "Hansel, we are free! the old witch is dead!" Then out flew Hansel like a bird from its cage as soon as the door is opened. How rejoiced they both were! how they fell each on the other's neck! and danced about, and kissed each other! And as they had nothing more to fear they went over all the old witch's house, and in every corner there stood chests of pearls and precious stones. "This is something better than flint stones," said Hansel, as he filled his pockets, and Grethel, thinking she also would like to carry something home with her, filled her apron full. i! Now, away we go," said Hansel, "if we only can get out of the witch's wood." When they had journeyed a few hours they came to a great piece of water. "We can never get across this," said Hansel, "I see no stepping-stones and no bridge."

"And there is no boat either," said Grethel; "but here comes a white duck; if I ask her she will help us over." So she cried,

"Duck, duck, here we stand,

Hansel and Grethel, on the land,

Stepping-stones and bridge we lack,

Carry us over on your nice white back."

And the duck came accordingly, and Hansel got upon her and told his sister to come too. "No," answered Grethel, "that would be too hard upon the duck; we can go separately, one after the other." And that was how it was managed, and after that they went on happily, until they came to the wood, and the way grew more and more familiar, till at last they saw in the distance their father's house. Then they ran till they came up to it, rushed in at the door, and fell on their father's neck. The man had not had a quiet hour since he left his children in the wood; but the wife was dead. And when Grethel opened her apron the pearls and precious stones were scattered all over the room, and Hansel took one handful after another out of his pocket. Then was all care at an end, and they lived in great joy together. My tale is done, there runs a mouse, whosoever catches it, may make himself a big fur cap out of it.

Hansel And Gretel

Davanti a un gran bosco abitava un povero taglialegna che non aveva di che sfamarsi; riusciva a stento a procurare il pane per sua moglie e i suoi due bambini: Hänsel e Gretel. Infine giunse un tempo in cui non poté più provvedere neanche a questo e non sapeva più a che santo votarsi. Una sera, mentre si voltava inquieto nel letto, la moglie gli disse: "Ascolta marito mio, domattina all'alba prendi i due bambini, dai a ciascuno un pezzetto di pane e conducili fuori in mezzo al bosco, nel punto dov'è più fitto; accendi loro un fuoco, poi vai via e li lasci soli laggiù. Non possiamo nutrirli più a lungo." -

"No moglie mia" disse l'uomo "non ho cuore di abbandonare i miei cari bambini nel bosco, le bestie feroci li sbranerebbero subito." - "Se non lo fai," disse la donna, "moriremo tutti quanti di fame." E non lo lasciò in pace finché, egli non acconsentì.

Anche i due bambini non potevano dormire per la fame, e avevano sentito quello che la madre aveva detto al padre. Gretel pensò che per loro fosse finita e incominciò a piangere amaramente, ma Hänsel disse: "Stai zitta Gretel, non ti crucciare, ci penserò io." Si alzò, si mise la giacchettina, aprì l'uscio da basso e sgattaiolò fuori. La luna splendeva chiara e i ciottoli bianchi rilucevano come monete nuove di zecca. Hänsel si chinò, ne ficcò nella taschina della giacca quanti poté, farne entrare e se ne tornò a casa. "Consolati Gretel e riposa tranquilla," disse; si rimise di nuovo a letto e si addormentò.

Allo spuntar del giorno, ancor prima che sorgesse il sole, la madre venne e li svegliò entrambi: "Alzatevi bambini, vogliamo andare nel bosco; qui c'è un pezzetto di pane per ciascuno di voi, ma siate saggi e conservatelo per mezzogiorno." Gretel mise il pane sotto il grembiule perché, Hänsel aveva le pietre in tasca, poi si incamminarono verso il bosco. Quando ebbero fatto un pezzetto di strada: Hänsel si fermò e si volse a guardare la casa; così fece per più volte. Il padre disse: "Hänsel, che cos'è che ti volti a guardare e perché, ti fermi? Su, muoviti!" - "Ah, babbo, guardo il mio gattino bianco che è sul tetto e vuole dirmi addio." Disse la madre: "Ehi, sciocco, non è il tuo gattino, è il primo sole che brilla sul comignolo." Hänsel però non aveva guardato il gattino, ma aveva buttato ogni volta sulla strada uno dei sassolini lucidi che aveva in tasca.

Quando giunsero in mezzo al bosco, il padre disse: "Ora raccogliete legna, bambini, voglio accendere un fuoco per non gelare." Hänsel e Gretel raccolsero rami secchi e ne fecero un mucchietto. Poi accesero il fuoco e quando la fiamma si levò alta, la madre disse: "Adesso stendetevi accanto al fuoco e dormite, noi andiamo a spaccare legna nel bosco; aspettate fino a quando non torniamo a prendervi."

Hänsel e Gretel rimasero accanto al fuoco fino a mezzogiorno, poi ciascuno mangiò il proprio pezzetto di pane. Credevano che il padre fosse ancora nel bosco perché, udivano i colpi d'accetta; invece era un ramo che egli aveva legato a un albero e che il vento sbatteva di qua e di là. Così attesero fino a sera, ma il padre e la madre non tornavano e nessuno veniva a prenderli. Quando fu notte fonda Gretel incominciò a piangere, ma Hänsel disse: "Aspetta soltanto un poco, finché, sorga la luna." E quando la luna sorse, prese Gretel per mano; i ciottoli brillavano come monete nuove di zecca e indicavano loro il cammino. Camminarono tutta la notte e quando fu mattina giunsero alla casa patema. Il padre si rallegrò di cuore quando vide i suoi bambini, poiché, gli era dispiaciuto doverli lasciare soli; la madre finse anch'essa di rallegrarsi, ma segretamente ne era furiosa.

Non passò molto tempo e il pane tornò a mancare in casa, e Hänsel e Gretel udirono una sera la madre che diceva al padre: "Una volta i bambini hanno ritrovato il cammino e io ho lasciato correre: ma adesso non c'è di nuovo più niente, rimane solo una mezza pagnotta in casa; devi condurli domani più addentro nel bosco, perché, non ritrovino la strada: per noi non c'è altro rimedio." L'uomo si sentì stringere il cuore e pensò: "Sarebbe meglio se dividessi l'ultimo boccone con i tuoi bambini." Ma siccome aveva già ceduto una volta, non poté, dire di no.

Quando i bambini ebbero udito quel discorso, Hänsel si alzò per raccogliere di nuovo i ciottoli, ma quando giunse alla porta, la madre l'aveva chiusa. Tuttavia consolò Gretel e disse: "Dormi, cara Gretel, il buon Dio ci aiuterà."

Allo spuntar del giorno ebbero il loro pezzetto di pane, ancora più piccolo della volta precedente. Per strada Hänsel lo sbriciolò in tasca; si fermava sovente e gettava una briciola per terra. "Perché, ti fermi sempre, Hänsel, e ti guardi intorno?" disse il padre. "Cammina!" - "Ah! Guardo il mio piccioncino che è sul tetto e vuole dirmi addio." - "Sciocco," disse la madre, "non è il tuo piccione, è il primo sole che brilla sul comignolo." Ma Hänsel sbriciolò tutto il suo pane e gettò le briciole per via.

La madre li condusse ancora più addentro nel bosco, dove non erano mai stati in vita loro. Là dovevano di nuovo sedere accanto al fuoco e dormire e alla sera i genitori sarebbero venuti a prenderli. A mezzogiorno Gretel divise il proprio pane con Hänsel, che aveva sparso tutto il suo per via. Ma passò mezzogiorno e passò anche la sera senza che nessuno venisse dai poveri bambini. Hänsel consolò Gretel e disse: "Aspetta che sorga la luna: allora vedrò le briciole di pane che ho sparso; ci mostreranno la via di casa." La luna sorse, ma quando Hänsel cercò le briciole non le trovò: i mille e mille uccellini del bosco le avevano viste e le avevano beccate. Hänsel pensava di trovare ugualmente la via di casa e si portava dietro Gretel, ma ben presto si persero nel grande bosco; camminarono tutta la notte e tutto il giorno, poi si addormentarono per la gran stanchezza. Poi camminarono ancora tutta una giornata, ma non riuscirono a uscire dal bosco, e avevano tanta fame, perché, non avevano nient'altro da mangiare che un po' di bacche trovate per terra.

Il terzo giorno, quand'ebbero camminato fino a mezzogiorno, giunsero a una casina fatta di pane e ricoperta di focaccia, con le finestre di zucchero trasparente. "Ci siederemo qui e mangeremo a sazietà," disse Hänsel. "Io mangerò un pezzo di tetto; tu, Gretel, mangia un pezzo di finestra: è dolce." Quando Gretel incominciò a rosicchiare lo zucchero, una voce sottile gridò dall'interno:

"Chi mi mangia la casina

zuccherosa e sopraffina?"

I bambini risposero:

"E' il vento che piega ogni stelo,

il bel bambino venuto dal cielo."

E continuarono a mangiare. Gretel tirò fuori tutto un vetro rotondo e Hänsel staccò un enorme pezzo di focaccia dal tetto. Ma d'un tratto la porta della casa si aprì e una vecchia decrepita venne fuori piano piano. Hänsel e Gretel si spaventarono tanto che lasciarono cadere quello che avevano in mano. Ma la vecchia scosse il capo e disse: "Ah, cari bambini, come siete giunti fin qui? Venite dentro con me, siete i benvenuti." Prese entrambi per mano e li condusse nella sua casetta. Fu loro servita una buona cena, latte e frittelle, mele e noci; poi furono preparati due bei lettini bianchi, e Hänsel e Gretel si coricarono e pensavano di essere in Paradiso.

Ma la vecchia era una strega cattiva che attendeva con impazienza l'arrivo dei bambini e, per attirarli, aveva costruito la casetta di pane. Quando un bambino cadeva nelle sue mani, lo uccideva, lo cucinava e lo mangiava; e per lei quello era un giorno di festa. Era proprio felice che Hänsel e Gretel fossero capitati lì. Di buon mattino, prima che i bambini fossero svegli, ella si alzò, andò ai loro lettini, e quando li vide riposare così dolcemente, si rallegrò e mormorò fra sì: "Saranno un buon bocconcino per me!" Poi afferrò Hänsel e lo rinchiuse in una stia. Quando questi si svegliò, si trovò circondato da una grata, come un pollo da ingrassare, e poteva fare solo pochi passi. Poi la vecchia svegliò Gretel con uno scossone e le gridò: "Alzati, poltrona, prendi dell'acqua e vai in cucina a preparare qualcosa di buono; tuo fratello è là nella stia e voglio ingrassarlo per poi mangiarmelo; tu devi dargli da mangiare." Gretel si spaventò e pianse, ma dovette fare quello che voleva la strega.

Ora ad Hänsel venivano cucinati ogni giorno i cibi più squisiti, poiché, doveva ingrassare; Gretel invece non riceveva altro che gusci di gambero. Ogni giorno la vecchia veniva e diceva: "Hänsel, sporgi le dita, che senta se presto sarai grasso." Ma Hänsel le sporgeva sempre un ossicino ed ella si meravigliava che non volesse proprio ingrassare. Dopo quattro settimane, una sera disse a Gretel: "Vai a prendere dell'acqua, svelta; grasso o magro che sia, domani ammazzerò il tuo fratellino e lo cucinerò; nel frattempo mi metterò a impastare il pane da cuocere nel forno." Con il cuore grosso, Gretel portò l'acqua nella quale doveva essere cucinato Hänsel. Dovette poi alzarsi di buon mattino, accendere il fuoco e appendere il paiolo pieno d'acqua. "Ora fa' attenzione," disse la strega. "Accendo il fuoco nel forno per cuocere il pane." Gretel era in cucina e piangeva a calde lacrime mentre pensava: "Ci avessero divorato le bestie feroci nel bosco! Almeno saremmo morti insieme senza dover sopportare questa pena, e io non dovrei far bollire l'acqua che deve servire per la morte di mio fratello. Buon Dio, aiuta noi, miseri bambini!"

La vecchia gridò: "Gretel, vieni subito qui al forno!" e quando Gretel arrivò, disse: "Dai un'occhiata dentro se il pane è ben cotto e dorato; i miei occhi sono deboli e io non arrivo a vedere fin là. E se anche tu non ci riesci, siediti sull'asse: ti spingerò dentro, così potrai controllare meglio." Ma la perfida strega aveva chiamato Gretel perché, pensava, una volta spintala dentro al forno, di chiuderlo e di farla arrostire per mangiarsi pure lei. Ma Dio ispirò alla fanciulla un'idea, ed ella disse: "Non so proprio come fare, fammi vedere tu per prima: siediti sull'asse e io ti spingerò dentro." La vecchia si sedette e, siccome era leggera, Gretel poté, spingerla dentro, il più in fondo possibile; poi chiuse in fretta la porta e mise il paletto di ferro. Allora la vecchia incominciò a gridare e a lamentarsi nel forno bollente, ma Gretel scappò via, ed ella dovette bruciare miseramente.

Gretel corse da Hänsel, gli aprì la porticina e gridò: "Salta fuori, Hänsel, siamo liberi!" Allora Hänsel saltò fuori, come un uccello quando gli aprono la gabbia. Ed essi piansero di gioia e si baciarono. Tutta la casetta era piena di perle e di pietre preziose: essi se ne riempirono le tasche e se ne andarono in cerca della via che li riconducesse a casa. Ma giunsero a un gran fiume che non erano in grado di attraversare. Allora la sorellina vide un'anatrina bianca nuotare di qua e di là.

E le gridò:

"Ah,

cara anatrina,

prendici

sul tuo dorso."

Udite queste parole, l'anatrina si avvicinò nuotando e trasportò prima Gretel e poi Hänsel dall'altra parte del fiume. Dopo breve tempo ritrovarono la loro casa: il padre si rallegrò di cuore quando li rivide, poiché, non aveva più avuto un giorno di felicità da quando i suoi bambini non c'erano più. La madre invece era morta. Ora i bambini portarono ricchezze a sufficienza perché, non avessero più bisogno di procurarsi il necessario per vivere.

Rumpelstiltskin

There was once a miller who was poor, but he had one beautiful daughter. It happened one day that he came to speak with the king, and, to give himself consequence, he told him that he had a daughter who could spin gold out of straw. The king said to the miller: "That is an art that pleases me well; if thy daughter is as clever as you say, bring her to my castle to-morrow, that I may put her to the proof."

When the girl was brought to him, he led her into a room that was quite full of straw, and gave her a wheel and spindle, and said: "Now set to work, and if by the early morning thou hast not spun this straw to gold thou shalt die." And he shut the door himself, and left her there alone. And so the poor miller's daughter was left there sitting, and could not think what to do for her life: she had no notion how to set to work to spin gold from straw, and her distress grew so great that she began to weep. Then all at once the door opened, and in came a little man, who said: "Good evening, miller's daughter; why are you crying?"

"Oh!" answered the girl, "I have got to spin gold out of straw, and I don't understand the business." Then the little man said: "What will you give me if I spin it for you?" - "My necklace," said the girl. The little man took the necklace, seated himself before the wheel, and whirr, whirr, whirr! three times round and the bobbin was full; then he took up another, and whirr, whirr, whirr! three times round, and that was full; and so he went on till the morning, when all the straw had been spun, and all the bobbins were full of gold.

At sunrise came the king, and when he saw the gold he was astonished and very much rejoiced, for he was very avaricious. He had the miller's daughter taken into another room filled with straw, much bigger than the last, and told her that as she valued her life she must spin it all in one night. The girl did not know what to do, so she began to cry, and then the door opened, and the little man appeared and said: "What will you give me if I spin all this straw into gold?"

"The ring from my finger," answered the girl. So the little man took the ring, and began again to send the wheel whirring round, and by the next morning all the straw was spun into glistening gold. The king was rejoiced beyond measure at the sight, but as he could never have enough of gold, he had the miller's daughter taken into a still larger room full of straw, and said: "This, too, must be spun in one night, and if you accomplish it you shall be my wife." For he thought: "Although she is but a miller's daughter, I am not likely to find any one richer in the whole world." As soon as the girl was left alone, the little man appeared for the third time and said: "What will you give me if I spin the straw for you this time?" - "I have nothing left to give," answered the girl. "Then you must promise me the first child you have after you are queen," said the little man. "But who knows whether that will happen?" thought the girl; but as she did not know what else to do in her necessity, she promised the little man what he desired, upon which he began to spin, until all the straw was gold. And when in the morning the king came and found all done according to his wish, he caused the wedding to be held at once, and the miller's pretty daughter became a queen.

In a year's time she brought a fine child into the world, and thought no more of the little man; but one day he came suddenly into her room, and said: "Now give me what you promised me." The queen was terrified greatly, and offered the little man all the riches of the kingdom if he would only leave the child; but the little man said: "No, I would rather have something living than all the treasures of the world." Then the queen began to lament and to weep, so that the little man had pity upon her. "I will give you three days," said he, "and if at the end of that time you cannot tell my name, you must give up the child to me."

Then the queen spent the whole night in thinking over all the names that she had ever heard, and sent a messenger through the land to ask far and wide for all the names that could be found. And when the little man came next day, (beginning with Caspar, Melchior, Balthazar) she repeated all she knew, and went through the whole list, but after each the little man said: "That is not my name." The second day the queen sent to inquire of all the neighbours what the servants were called, and told the little man all the most unusual and singular names, saying: "Perhaps you are called Roast-ribs, or Sheepshanks, or Spindleshanks?" But he answered nothing but: "That is not my name."

The third day the messenger came back again, and said: "I have not been able to find one single new name; but as I passed through the woods I came to a high hill, and near it was a little house, and before the house burned a fire, and round the fire danced a comical little man, and he hopped on one leg and cried:

"Today do I bake,

tomorrow I brew,

The day after that the queen's child comes in;

And oh! I am glad that nobody knew

That the name I am called is Rumpelstiltskin!"

You cannot think how pleased the queen was to hear that name, and soon afterwards, when the little man walked in and said: "Now, Mrs. Queen, what is my name?" she said at first "Are you called Jack?" - "No," answered he. "Are you called Harry?" she asked again. "No," answered he. And then she said": "Then perhaps your name is Rumpelstiltskin?"

"The devil told you that! the devil told you that!" cried the little man, and in his anger he stamped with his right foot so hard that it went into the ground above his knee; then he seized his left foot with both his hands in such a fury that he split in two, and there was an end of him.

Tremotino

C'era una volta un mugnaio che era povero, ma aveva una bella figlia. Un giorno gli capitò di parlare con il re e gli disse: "Ho una figliola che sa filare l'oro dalla paglia." Al re, cui piaceva l'oro, la cosa piacque, e ordinò che la figlia del mugnaio fosse condotta innanzi a lui.

La condusse in una stanza piena di paglia, le diede il filatoio e l'aspo e disse: "Se in tutta la notte, fino all'alba, non fai di questa paglia oro filato, dovrai morire." Poi la porta fu chiusa ed ella rimase sola. La povera figlia del mugnaio se ne stava là senza sapere come salvarsi, poiché, non aveva la minima idea di come filare l'oro dalla paglia; la sua paura crebbe tanto che finì col mettersi a piangere. D'un tratto la porta si aprì ed entrò un omino che disse: "Buona sera, madamigella mugnaia, perché, piangi tanto?"

"Ah," rispose la fanciulla, "devo filare l'oro dalla paglia e non sono capace!" Disse l'omino: "Che cosa mi dai, se te la filo io?" - "La mia collana," rispose la fanciulla. L'omino prese la collana, sedette davanti alla rotella e frr, frr, frr tirò il filo tre volte e il fuso era pieno. Poi ne introdusse un altro e frr, frr, frr, tirò il filo tre volte e anche il secondo fuso era pieno; andò avanti così fino al mattino: ed ecco tutta la paglia era filata e tutti i fusi erano pieni d'oro.

Quando il re andò a vedere, si meravigliò e ne fu molto soddisfatto, ma il suo cuore divenne ancora più avido. Così fece condurre la figlia del mugnaio in una stanza molto più grande, piena di paglia, che anche questa volta doveva essere filata in una notte, se aveva cara la vita. La fanciulla non sapeva a che santo votarsi e piangeva; ma all'improvviso si aprì la porta e l'omino entrò dicendo: "Cosa mi dai se ti filo l'oro dalla paglia?"

"L'anello che ho al dito," rispose la fanciulla. L'omino prese l'anello, la ruota cominciò a ronzare e al mattino tutta la paglia si era mutata in oro splendente. A quella vista il re andò in visibilio ma, non ancora sazio, fece condurre la figlia del mugnaio in una terza stanza ancora più grande delle precedenti, piena di paglia, e disse: "Dovrai filare anche questa paglia entro stanotte; se ci riesci sarai la mia sposa." Infatti egli pensava che da nessun'altra parte avrebbe trovato una donna tanto ricca. Quando la fanciulla fu sola, ritornò per la terza volta l'omino e disse: "Che cosa mi dai se ti filo la paglia anche questa volta?" - "Non ho più nulla," rispose la fanciulla. "Allora promettimi," disse l'omino, "quando sarai regina, di darmi il tuo primo bambino." - "Chissà come andrà a finire!" pensò la figlia del mugnaio e, del resto, messa alle strette, non sapeva che altro fare, perciò accordò la sua promessa all'omino che, anche questa volta, le filò l'oro dalla paglia. Quando al mattino venne il re e trovò che tutto era stato fatto secondo i suoi desideri, la sposò; e la bella mugnaia divenne regina.

Dopo un anno diede alla luce un bel maschietto e non si ricordava neanche più dell'omino, quando questi le entrò d'un tratto nella stanza a reclamare ciò che gli era stato promesso. La regina inorridì e gli offrì tutte le ricchezze del regno, purché, le lasciasse il bambino; ma l'omino disse: "No, qualcosa di vivo mi è più caro di tutti i tesori del mondo." Allora la regina incominciò a piangere e a lamentarsi, tanto che l'omino s'impietosì e disse: "Ti lascio tre giorni di tempo: se riesci a scoprire come mi chiamo, potrai tenerti il bambino."

La regina passò la notte cercando di ricordare tutti i nomi che mai avesse udito, inviò un messo nelle sue terre a domandare in lungo e in largo, quali altri nomi si potevano trovare. Il giorno seguente, quando venne l'omino, ella cominciò con Gaspare, Melchiorre e Baldassarre e disse tutta una lunga sfilza di nomi, ma ogni volta l'omino diceva: "Non mi chiamo così." Il secondo giorno, ella mandò a chiedere come si chiamasse la gente nei dintorni e propose all'omino i nomi più insoliti e strani quali: Latte di gallina, Coscia di montone, Osso di balena. Ma egli rispondeva sempre: "Non mi chiamo così."

Il terzo giorno tornò il messo e raccontò: "Nuovi nomi non sono riuscito a trovarne, ma ai piedi di un gran monte, alla svolta del bosco, dove la volpe e la lepre si dicono buona notte, vidi una casetta; e davanti alla casetta ardeva un fuoco intorno al quale ballava un omino quanto mai buffo, che gridava, saltellando su di una sola gamba:

"Oggi fo il pane,

la birra domani, e il meglio per me

è aver posdomani il figlio del re.

Nessun lo sa, e questo è il sopraffino,

Ch'io porto il nome di Tremotino!"

All'udire queste parole, la regina si rallegrò e poco dopo quando l'omino entrò e le disse: "Allora, regina, come mi chiamo?" ella da principio domandò: "Ti chiami Corrado?" - "No." - "Ti chiami Enrico?" - "No." - "Ti chiami forse Tremotino?"

"Te l'ha detto il diavolo, te l'ha detto il diavolo!" gridò l'omino; e per la rabbia pestò in terra il piede destro con tanta forza, che sprofondò fino alla cintola; poi, nell'ira, afferrò con le mani il piede sinistro e si squarciò.

Cinderella

There was once a rich man whose wife lay sick, and when she felt her end drawing near she called to her only daughter to come near her bed, and said, "Dear child, be pious and good, and God will always take care of you, and I will look down upon you from heaven, and will be with you." And then she closed her eyes and expired. The maiden went every day to her mother's grave and wept, and was always pious and good. When the winter came the snow covered the grave with a white covering, and when the sun came in the early spring and melted it away, the man took to himself another wife.

The new wife brought two daughters home with her, and they were beautiful and fair in appearance, but at heart were, black and ugly. And then began very evil times for the poor step-daughter. "Is the stupid creature to sit in the same room with us?" said they; "those who eat food must earn it. Out upon her for a kitchen-maid!" They took away her pretty dresses, and put on her an old grey kirtle, and gave her wooden shoes to wear. "Just look now at the proud princess, how she is decked out!" cried they laughing, and then they sent her into the kitchen. There she was obliged to do heavy work from morning to night, get up early in the morning, draw water, make the fires, cook, and wash. Besides that, the sisters did their utmost to torment her, mocking her, and strewing peas and lentils among the ashes, and setting her to pick them up. In the evenings, when she was quite tired out with her hard day's work, she had no bed to lie on, but was obliged to rest on the hearth among the cinders. And as she always looked dusty and dirty, they named her Cinderella.

It happened one day that the father went to the fair, and he asked his two step-daughters what he should bring back for them. "Fine clothes!" said one. "Pearls and jewels!" said the other. "But what will you have, Cinderella?" said he. "The first twig, father, that strikes against your hat on the way home; that is what I should like you to bring me." So he bought for the two step-daughters fine clothes, pearls, and jewels, and on his way back, as he rode through a green lane, a hazel-twig struck against his hat; and he broke it off and carried it home with him. And when he reached home he gave to the step-daughters what they had wished for, and to Cinderella he gave the hazel-twig. She thanked him, and went to her mother's grave, and planted this twig there, weeping so bitterly that the tears fell upon it and watered it, and it flourished and became a fine tree. Cinderella went to see it three times a day, and wept and prayed, and each time a white bird rose up from the tree, and if she uttered any wish the bird brought her whatever she had wished for.

Now if came to pass that the king ordained a festival that should last for three days, and to which all the beautiful young women of that country were bidden, so that the king's son might choose a bride from among them. When the two stepdaughters heard that they too were bidden to appear, they felt very pleased, and they called Cinderella, and said, "Comb our hair, brush our shoes, and make our buckles fast, we are going to the wedding feast at the king's castle." Cinderella, when she heard this, could not help crying, for she too would have liked to go to the dance, and she begged her step-mother to allow her. "What, you Cinderella!" said she, "in all your dust and dirt, you want to go to the festival! you that have no dress and no shoes! you want to dance!" But as she persisted in asking, at last the step-mother said, "I have strewed a dish-full of lentils in the ashes, and if you can pick them all up again in two hours you may go with us." Then the maiden went to the backdoor that led into the garden, and called out, "O gentle doves, O turtle-doves, And all the birds that be, The lentils that in ashes lie Come and pick up for me!

The good must be put in the dish,

The bad you may eat if you wish."

Then there came to the kitchen-window two white doves, and after them some turtle-doves, and at last a crowd of all the birds under heaven, chirping and fluttering, and they alighted among the ashes; and the doves nodded with their heads, and began to pick, peck, pick, peck, and then all the others began to pick, peck, pick, peck, and put all the good grains into the dish. Before an hour was over all was done, and they flew away. Then the maiden brought the dish to her step-mother, feeling joyful, and thinking that now she should go to the feast; but the step-mother said, "No, Cinderella, you have no proper clothes, and you do not know how to dance, and you would be laughed at!" And when Cinderella cried for disappointment, she added, "If you can pick two dishes full of lentils out of the ashes, nice and clean, you shall go with us," thinking to herself, "for that is not possible." When she had strewed two dishes full of lentils among the ashes the maiden went through the backdoor into the garden, and cried, "O gentle doves, O turtle-doves, And all the birds that be, The lentils that in ashes lie Come and pick up for me!

The good must be put in the dish,

The bad you may eat if you wish."

o there came to the kitchen-window two white doves, and then some turtle-doves, and at last a crowd of all the other birds under heaven, chirping and fluttering, and they alighted among the ashes, and the doves nodded with their heads and began to pick, peck, pick, peck, and then all the others began to pick, peck, pick, peck, and put all the good grains into the dish. And before half-an-hour was over it was all done, and they flew away. Then the maiden took the dishes to the stepmother, feeling joyful, and thinking that now she should go with them to the feast; but she said "All this is of no good to you; you cannot come with us, for you have no proper clothes, and cannot dance; you would put us to shame." Then she turned her back on poor Cinderella, and made haste to set out with her two proud daughters.

And as there was no one left in the house, Cinderella went to her mother's grave, under the hazel bush, and cried,

"Little tree, little tree, shake over me,

That silver and gold may come down and cover me."

Then the bird threw down a dress of gold and silver, and a pair of slippers embroidered with silk and silver. , And in all haste she put on the dress and went to the festival. But her step-mother and sisters did not know her, and thought she must be a foreign princess, she looked so beautiful in her golden dress. Of Cinderella they never thought at all, and supposed that she was sitting at home, arid picking the lentils out of the ashes. The King's son came to meet her, and took her by the hand and danced with her, and he refused to stand up with any one else, so that he might not be obliged to let go her hand; and when any one came to claim it he answered, "She is my partner."

And when the evening came she wanted to go home, but the prince said he would go with her to take care of her, for he wanted to see where the beautiful maiden lived. But she escaped him, and jumped up into the pigeon-house. Then the prince waited until the father came, and told him the strange maiden had jumped into the pigeon-house. The father thought to himself, "It cannot surely be Cinderella," and called for axes and hatchets, and had the pigeon-house cut down, but there was no one in it. And when they entered the house there sat Cinderella in her dirty clothes among the cinders, and a little oil-lamp burnt dimly in the chimney; for Cinderella had been very quick, and had jumped out of the pigeon-house again, and had run to the hazel bush; and there she had taken off her beautiful dress and had laid it on the grave, and the bird had carried it away again, and then she had put on her little gray kirtle again, and had sat down in. the kitchen among the cinders.

The next day, when the festival began anew, and the parents and step-sisters had gone to it, Cinderella went to the hazel bush and cried,

"Little tree, little tree, shake over me,

That silver and gold may come down and cover me."

Then the bird cast down a still more splendid dress than on the day before. And when she appeared in it among the guests every one was astonished at her beauty. The prince had been waiting until she came, and he took her hand and danced with her alone. And when any one else came to invite her he said, "She is my partner." And when the evening came she wanted to go home, and the prince followed her, for he wanted to see to what house she belonged; but she broke away from him, and ran into the garden at the back of the house. There stood a fine large tree, bearing splendid pears; she leapt as lightly as a squirrel among the branches, and the prince did not know what had become of her. So he waited until the father came, and then he told him that the strange maiden had rushed from him, and that he thought she had gone up into the pear-tree. The father thought to himself, "It cannot surely be Cinderella," and called for an axe, and felled the tree, but there was no one in it. And when they went into the kitchen there sat Cinderella among the cinders, as usual, for she had got down the other side of the tree, and had taken back her beautiful clothes to the bird on the hazel bush, and had put on her old grey kirtle again.

On the third day, when the parents and the step-children had set off, Cinderella went again to her mother's grave, and said to the tree,

"Little tree, little tree, shake over me,

That silver and gold may come down and cover me."

Then the bird cast down a dress, the like of which had never been seen for splendour and brilliancy, and slippers that were of gold. And when she appeared in this dress at the feast nobody knew what to say for wonderment. The prince danced with her alone, and if any one else asked her he answered, "She is my partner."

And when it was evening Cinderella wanted to go home, and the prince was about to go with her, when she ran past him so quickly that he could not follow her. But he had laid a plan, and had caused all the steps to be spread with pitch, so that as she rushed down them the left shoe of the maiden remained sticking in it. The prince picked it up, and saw that it was of gold, and very small and slender. The next morning he went to the father and told him that none should be his bride save the one whose foot the golden shoe should fit. Then the two sisters were very glad, because they had pretty feet. The eldest went to her room to try on the shoe, and her mother stood by. But she could not get her great toe into it, for the shoe was too small; then her mother handed her a knife, and said, "Cut the toe off, for when you are queen you will never have to go on foot." So the girl cut her toe off, squeezed her foot into the shoe, concealed the pain, and went down to the prince. Then he took her with him on his horse as his bride, and rode off. They had to pass by the grave, and there sat the two pigeons on the hazel bush, and cried,

"There they go, there they go!

There is blood on her shoe;

The shoe is too small,

Not the right bride at all!"

Then the prince looked at her shoe, and saw the blood flowing. And he turned his horse round and took the false bride home again, saying she was not the right one, and that the other sister must try on the shoe. So she went into her room to do so, and got her toes comfortably in, but her heel was too large. Then her mother handed her the knife, saying, "Cut a piece off your heel; when you are queen you will never have to go on foot." So the girl cut a piece off her heel, and thrust her foot into the shoe, concealed the pain, and went down to the prince, who took his bride before him on his horse and rode off. When they passed by the hazel bush the two pigeons sat there and cried,

"There they go, there they go!

There is blood on her shoe;

The shoe is too small,

Not the right bride at all!"

Then the prince looked at her foot, and saw how the blood was flowing from the shoe, and staining the white stocking. And he turned his horse round and brought the false bride home again. "This is not the right one," said he, "have you no other daughter?" - "No," said the man, "only my dead wife left behind her a little stunted Cinderella; it is impossible that she can be the bride." But the King's son ordered her to be sent for, but the mother said, "Oh no! she is much too dirty, I could not let her be seen." But he would have her fetched, and so Cinderella had to appear. First she washed her face and hands quite clean, and went in and curtseyed to the prince, who held out to her the golden shoe. Then she sat down on a stool, drew her foot out of the heavy wooden shoe, and slipped it into the golden one, which fitted it perfectly. And when she stood up, and the prince looked in her face, he knew again the beautiful maiden that had danced with him, and he cried, "This is the right bride!" The step-mother and the two sisters were thunderstruck, and grew pale with anger; but he put Cinderella before him on his horse and rode off. And as they passed the hazel bush, the two white pigeons cried,

"There they go, there they go!

No blood on her shoe;

The shoe's not too small,

The right bride is she after all."

And when they had thus cried, they came flying after and perched on Cinderella's shoulders, one on the right, the other on the left, and so remained.

And when her wedding with the prince was appointed to be held the false sisters came, hoping to curry favour, and to take part in the festivities. So as the bridal procession went to the church, the eldest walked on the right side and the younger on the left, and the pigeons picked out an eye of each of them. And as they returned the elder was on the left side and the younger on the right, and the pigeons picked out the other eye of each of them. And so they were condemned to go blind for the rest of their days because of their wickedness and falsehood.

Cenerentola

La moglie di un ricco si ammalò e, quando sentì avvicinarsi la fine, chiamò al capezzale la sua unica figlioletta e le disse: "Sii sempre docile e buona, così il buon Dio ti aiuterà e io ti guarderò dal cielo e ti sarò vicina." Poi chiuse gli occhi e morì. La fanciulla andava ogni giorno alla tomba della madre, piangeva ed era sempre docile e buona. La neve ricoprì la tomba di un bianco drappo, e quando il sole l'ebbe tolto, l'uomo prese moglie di nuovo.

La donna aveva due figlie che portò con s' in casa, ed esse erano belle e bianche di viso, ma brutte e nere di cuore. Per la figliastra incominciarono tristi giorni. "Che vuole quella buona a nulla in salotto?" esse dicevano. "Chi mangia il pane deve guadagnarselo: fuori, sguattera!" Le presero i suoi bei vestiti, le diedero da indossare una vecchia palandrana grigia e la condussero in cucina deridendola. Lì doveva sgobbare per bene: si alzava prima che facesse giorno, portava l'acqua, accendeva il fuoco, cucinava e lavava. Per giunta le sorelle gliene facevano di tutti i colori, la schernivano e le versavano ceci e lenticchie nella cenere, sicché, doveva raccoglierli a uno a uno. La sera, quando era stanca, non andava a letto, ma doveva coricarsi nella cenere accanto al focolare. E siccome era sempre sporca e impolverata, la chiamavano Cenerentola.

Un giorno, il padre volle recarsi alla fiera e chiese alle due figliastre che cosa dovesse portare loro. "Bei vestiti," disse la prima. "Perle e gemme," disse la seconda. "E tu, Cenerentola," disse egli, "che cosa vuoi?" - "Babbo, il primo rametto che vi urta il cappello sulla via del ritorno," rispose Cenerentola. Così egli comprò bei vestiti, perle e gemme per le due figliastre; e sulla via del ritorno, mentre cavalcava per un verde boschetto, un ramo di nocciolo lo sfiorò e gli fece cadere il cappello. Allora egli colse il rametto e quando giunse a casa diede alle due figliastre quello che avevano chiesto, e a Cenerentola diede il ramo di nocciolo. Cenerentola lo prese, andò a piantarlo sulla tomba della madre, e pianse tanto che le lacrime l'innaffiarono. Così crebbe e divenne un bell'albero. Cenerentola ci andava tre volte al giorno, piangeva e pregava e ogni volta si posava sulla pianta un uccellino che le dava ciò che aveva desiderato.

Ora avvenne che il re diede una festa che doveva durare tre giorni, perché, suo figlio potesse scegliersi una sposa. Anche le due sorellastre erano invitate, così chiamarono Cenerentola e dissero: "Pettinaci, spazzola le scarpe e assicura le fibbie: andiamo a ballare alla festa del re." Cenerentola ubbidì ma piangeva, perché, anche lei sarebbe andata volentieri al ballo, e pregò la matrigna di accordarle il permesso. "Tu, Cenerentola," disse questa, "non hai niente da metterti addosso, non sai ballare, e vorresti andare a nozze!" Ma Cenerentola insisteva e la matrigna finì col dirle: "Ti rovescerò nella cenere un piatto di lenticchie e se in due ore le sceglierai tutte, andrai anche tu." La matrigna le rovesciò le lenticchie nella cenere, ma la fanciulla andò nell'orto dietro casa e chiamò: "Dolci colombelle mie, e voi, tortorelle, e voi, uccellini tutti del cielo, venite e aiutatemi a scegliere le lenticchie:

Quelle buone me le date,

Le cattive le mangiate."

Allora dalla finestra della cucina entrarono due colombe bianche e poi le tortorelle e infine, frullando e svolazzando, entrarono tutti gli uccellini del cielo e si posarono intorno alla cenere. E le colombelle annuirono con le testine e incominciarono, pic, pic, pic, pic, e allora ci si misero anche gli altri, pic, pic, pic, pic, e raccolsero tutti i grani buoni nel piatto. Non era passata un'ora che avevano già finito e volarono tutti via. Allora la fanciulla, tutta contenta, portò il piatto alla matrigna e credeva di poter andare a nozze anche lei. Ma la matrigna disse: "No, Cenerentola; non hai vestiti e non sai ballare; non verrai." Ma Cenerentola si mise a piangere, e quella disse: "Se in un'ora riesci a raccogliere dalla cenere e a scegliere due piatti pieni di lenticchie, verrai anche tu." E pensava: "Non ci riuscirà mai." Quando la matrigna ebbe versato i due piatti di lenticchie nella cenere, la fanciulla andò nell'orto dietro casa e gridò: "Dolci colombelle mie, e voi, tortorelle, e voi, uccellini tutti del cielo, venite e aiutatemi a scegliere:

Quelle buone me le date,

Le cattive le mangiate."

Allora dalla finestra della cucina entrarono due colombe bianche e poi le tortorelle ed infine, frullando e svolazzando, entrarono tutti gli uccellini del cielo e si posarono intorno alla cenere. E le colombelle annuirono con le loro testoline e incominciarono, pic, pic, pic, pic, e allora ci si misero anche gli altri, pic, pic, pic, pic, e raccolsero tutti i grani buoni nei piatti. E non era passata mezz'ora che avevano già finito e volarono tutti via. Allora la fanciulla, tutta contenta, portò i piatti alla matrigna e credeva di potere andare a nozze anche lei. Ma la matrigna disse: "E' inutile: tu non vieni, perché, non hai vestiti e non sai ballare; dovremmo vergognarci di te." Così detto se ne andò con le sue due figlie.

Rimasta sola, Cenerentola andò alla tomba della madre sotto il nocciolo, e gridò:

"Scrollati pianta, stammi a sentire,

d'oro e d'argento mi devi coprire!"

Allora l'uccello le gettò un abito d'oro e d'argento e scarpette trapunte di seta e d'argento. Cenerentola indossò l'abito e andò a nozze. Ma le sorelle e la matrigna non la riconobbero e pensarono che fosse una principessa sconosciuta, tanto era bella nell'abito così ricco. A Cenerentola non pensarono affatto, e credevano che se ne stesse a casa nel sudiciume. Il principe le venne incontro, la prese per mano e danzò con lei. E non volle ballare con nessun'altra; non le lasciò mai la mano, e se un altro la invitava diceva: "E' la mia ballerina."

Cenerentola danzò fino a sera, poi volle andare a casa. Il principe disse: "Vengo ad accompagnarti," perché, voleva vedere da dove veniva la bella fanciulla, ma ella gli scappò e balzò nella colombaia. Il principe allora aspettò che ritornasse il padre e gli disse che la fanciulla sconosciuta era saltata nella colombaia. Questi pensò: Che sia Cenerentola? e si fece portare un'accetta e un piccone per buttar giù la colombaia; ma dentro non c'era nessuno. E quando rientrarono in casa, Cenerentola giaceva sulla cenere nelle sue vesti sporche e un lumino a olio ardeva a stento nel focolare. Ella era saltata velocemente fuori dalla colombaia ed era corsa al nocciolo; là si era tolta le belle vesti, le aveva deposte sulla tomba e l'uccello le aveva riprese; ed ella nella sua palandrana grigia si era distesa sulla cenere in cucina.

Il giorno dopo quando la festa ricominciò e i genitori e le sorellastre erano di nuovo usciti, Cenerentola andò sotto al nocciolo e gridò

"Scrollati pianta, stammi a sentire,

d'oro e d'argento mi devi coprire!"

Allora l'uccello le gettò un abito ancora più superbo del primo. E quando comparve a nozze così abbigliata, tutti si meravigliarono della sua bellezza. Il principe l'aveva aspettata, la prese per mano e ballò soltanto con lei. Quando la invitavano gli altri, diceva: "Questa è la mia ballerina." La sera ella se ne andò e il principe la seguì per sapere dove abitasse; ma ella fuggì d'un balzo nell'orto dietro casa. Là c'era un bell'albero alto da cui pendevano magnifiche pere; svelta, ella vi si arrampicò e il principe non sapeva dove fosse sparita. Ma attese che arrivasse il padre e gli disse: "La fanciulla sconosciuta mi è sfuggita e credo che si sia arrampicata sul pero." Il padre pensò: Che sia Cenerentola? Si fece portare l'ascia e abbatté, l'albero, ma sopra non vi era nessuno. E quando entrarono in cucina, Cenerentola giaceva come al solito sulla cenere: era saltata giù dall'altra parte dell'albero, aveva riportato le belle vesti all'uccello sul nocciolo, e aveva indossato la sua palandrana grigia.

Il terzo giorno, quando i genitori e le sorelle se ne furono andati, Cenerentola tornò alla tomba di sua madre e disse all'alberello:

"Scrollati pianta, stammi a sentire,

d'oro e d'argento mi devi coprire!"

Allora l'uccello le gettò un vestito così lussuoso come non ne aveva ancora veduti, e le scarpette erano tutte d'oro. Quando ella comparve a nozze, la gente non ebbe più parole per la meraviglia. Il principe ballò solo con lei; e se qualcuno la invitava, egli diceva: "E' la mia ballerina."

Quando fu sera Cenerentola se ne andò; il principe voleva accompagnarla ma ella gli sfuggì. Tuttavia perse la sua scarpetta sinistra, poiché, il principe aveva fatto spalmare tutta la scala di pece e la scarpa vi era rimasta appiccicata. Egli la prese e, con essa, si recò il giorno seguente dal padre di Cenerentola e disse: "Colei che potrà calzare questa scarpina d'oro sarà mia sposa." Allora le due sorelle si rallegrarono perché, avevano un bel piedino. La maggiore andò con la scarpa in camera sua e voleva provarla davanti a sua madre. Ma la scarpa era troppo piccola e il dito grosso non le entrava; allora la madre le porse un coltello e disse: "Tagliati il dito: quando sarai regina non avrai più bisogno di andare a piedi." La fanciulla si mozzò il dito, serrò il piede nella scarpa e andò dal principe. Egli la mise sul cavallo come sua sposa e partì con lei. Ma dovettero passare davanti alla tomba; sul nocciolo erano posate due colombelle che gridarono:

"Voltati e osserva la sposina:

ha del sangue nella scarpina,

per il suo piede è troppo stretta.

Ancor la sposa in casa t'aspetta."

Allora egli le guardò il piede e ne vide sgorgare il sangue. Voltò il cavallo, riportò a casa la falsa sposa e disse: "Questa non è quella vera; l'altra sorella deve provare la scarpa." Questa andò nella sua camera e riuscì a infilare le dita nella scarpa, ma il calcagno era troppo grosso. Allora la madre le porse un coltello e le disse: "Tagliati un pezzo di calcagno: quando sarai regina non avrai bisogno di andare a piedi." La fanciulla si tagliò un pezzo di calcagno, serrò il piede nella scarpa e andò dal principe. Questi la mise sul cavallo come sposa e andò via con lei. Ma quando passarono davanti al nocciolo, le due colombelle gridarono:

"Voltati e osserva la sposina:

ha del sangue nella scarpina,

per il suo piede è troppo stretta.

Ancor la sposa in casa t'aspetta."

Egli le guardò il piede e vide il sangue sgorgare dalla scarpa, sprizzando purpureo sulle calze bianche. Allora voltò il cavallo e riportò a casa la falsa sposa. "Questa non è quella vera," disse. "Non avete un'altra figlia?" - "No," rispose l'uomo, "c'è soltanto una piccola brutta Cenerentola della moglie che mi è morta: ma non può essere la sposa." Il principe gli disse di mandarla a prendere, ma la matrigna rispose: "Ah no, è troppo sporca, non può farsi vedere." Ma egli lo volle assolutamente e dovettero chiamare Cenerentola. Ella prima si lavò ben bene le mani e il viso, poi andò e si inchinò davanti al principe che le porse la scarpina d'oro. Allora ella si tolse dal piede il pesante zoccolo, l'infilò nella scarpetta e spinse un poco: le stava a pennello. E quando si alzò, egli la riconobbe e disse: "Questa è la vera sposa!" La matrigna e le due sorellastre si spaventarono e impallidirono dall'ira, ma egli mise Cenerentola sul cavallo e se ne andò con lei. Quando passarono davanti al nocciolo, le due colombelle bianche gridarono

"Volgiti e guarda la sposina,

non c'è più sangue nella scarpina,

calza il piedino in modo perfetto.

Porta la sposa sotto il tuo tetto."

E, dopo aver detto queste parole, scesero in volo e si posarono sulle spalle di Cenerentola, una a destra e l'altra a sinistra, e lì rimasero.

Quando stavano per essere celebrate le nozze con il principe, arrivarono le false sorellastre: esse volevano ingraziarsi Cenerentola e partecipare alla sua fortuna. All'entrata della chiesa, la maggiore si trovò a destra di Cenerentola, la minore alla sua sinistra. Allora le colombe cavarono un occhio a ciascuna. Poi, all'uscita, la maggiore era a sinistra e la minore a destra; e le colombe cavarono a ciascuna l'altro occhio. Così esse furono punite con la cecità per essere state false e malvagie.

Rapunzel

There once lived a man and his wife, who had long wished for a child, but in vain. Now there was at the back of their house a little window which overlooked a beautiful garden full of the finest vegetables and flowers; but there was a high wall all round it, and no one ventured into it, for it belonged to a witch of great might, and of whom all the world was afraid.

One day that the wife was standing at the window, and looking into the garden, she saw a bed filled with the finest rampion; and it looked so fresh and green that she began to wish for some; and at length she longed for it greatly. This went on for days, and as she knew she could not get the rampion, she pined away, and grew pale and miserable. Then the man was uneasy, and asked, "What is the matter, dear wife?"

"Oh," answered she, "I shall die unless I can have some of that rampion to eat that grows in the garden at the back of our house." The man, who loved her very much, thought to himself, "Rather than lose my wife I will get some rampion, cost what it will." So in the twilight he climbed over the wall into the witch's garden, plucked hastily a handful of rampion and brought it to his wife. She made a salad of it at once, and ate of it to her heart's content. But she liked it so much, and it tasted so good, that the next day she longed for it thrice as much as she had done before; if she was to have any rest the man must climb over the wall once more. So he went in the twilight again; and as he was climbing back, he saw, all at once, the witch standing before him, and was terribly frightened, as she cried, with angry eyes, "How dare you climb over into my garden like a thief, and steal my rampion! it shall be the worse for you!"

"Oh," answered he, "be merciful rather than just, I have only done it through necessity; for my wife saw your rampion out of the window, and became possessed with so great a longing that she would have died if she could not have had some to eat." Then the witch said,

"If it is all as you say you may have as much rampion as you like, on one condition - the child that will come into the world must be given to me. It shall go well with the child, and I will care for it like a mother."

In his distress of mind the man promised everything; and when the time came when the child was born the witch appeared, and, giving the child the name of Rapunzel (which is the same as rampion), she took it away with her.

Rapunzel was the most beautiful child in the world. When she was twelve years old the witch shut her up in a tower in the midst of a wood, and it had neither steps nor door, only a small window above. When the witch wished to be let in, she would stand below and would cry,

"Rapunzel, Rapunzel!

Let down your hair!"

Rapunzel had beautiful long hair that shone like gold. When she. heard the voice of the witch she would undo the fastening of the upper window, unbind the plaits of her hair, and let it down twenty ells below, and the witch would climb up by it.

After they had lived thus a few years it happened that as the King's son was riding through the wood, he came to the tower; and as he drew near he heard a voice singing so sweetly that he stood still and listened. It was Rapunzel in her loneliness trying to pass away the time with sweet songs. The King's son wished to go in to her, and sought to find a door in the tower, but there was none. So he rode home, but the song had entered into his heart, and every day he went into the wood and listened to it. Once, as he was standing there under a tree, he saw the witch come up, and listened while she called out,

"O Rapunzel, Rapunzel!

Let down your hair."

Then he saw how Rapunzel let down her long tresses, and how the witch climbed up by it and went in to her, and he said to himself, "Since that is the ladder I will climb it, and seek my fortune." And the next day, as soon as it began to grow dusk, he went to the tower and cried,

"O Rapunzel, Rapunzel!

Let down your hair."

And she let down her hair, and the King's son climbed up by it. Rapunzel was greatly terrified when she saw that a man had come in to her, for she had never seen one before; but the King's son began speaking so kindly to her, and told how her singing had entered into his heart, so that he could have no peace until he had seen her herself. Then Rapunzel forgot her terror, and when he asked her to take him for her husband, and she saw that he was young and beautiful, she thought to herself, "I certainly like him much better than old mother Gothel," and she put her hand into his hand.

She said: "I would willingly go with thee, but I do not know how I shall get out. When thou comest, bring each time a silken rope, and I will make a ladder, and when it is quite ready I will get down by it out of the tower, and thou shalt take me away on thy horse." They agreed that he should come to her every evening, as the old woman came in the day-time.

So the witch knew nothing of all this until once Rapunzel said to her unwittingly, "Mother Gothel, how is it that you climb up here so slowly, and the King's son is with me in a moment?"

"O wicked child," cried the witch, "what is this I hear! I thought I had hidden thee from all the world, and thou hast betrayed me!" In her anger she seized Rapunzel by her beautiful hair, struck her several times with her left hand, and then grasping a pair of shears in her right - snip, snap - the beautiful locks lay on the ground. And she was so hard-hearted that she took Rapunzel and put her in a waste and desert place, where she lived in great woe and misery.

The same day on which she took Rapunzel away she went back to the tower in the evening and made fast the severed locks of hair to the window-hasp, and the King's son came and cried,

"Rapunzel, Rapunzel!

Let down your hair."

Then she let the hair down, and the King's son climbed up, but instead of his dearest Rapunzel he found the witch looking at him with wicked glittering eyes.

"Aha!" cried she, mocking him, "you came for your darling, but the sweet bird sits no longer in the nest, and sings no more; the cat has got her, and will scratch out your eyes as well! Rapunzel is lost to you; you will see her no more." The King's son was beside himself with grief, and in his agony he sprang from the tower: he escaped with life, but the thorns on which he fell put out his eyes. Then he wandered blind through the wood, eating nothing but roots and berries, and doing nothing but lament and weep for the loss of his dearest wife.

So he wandered several years in misery until at last he came to the desert place where Rapunzel lived with her twin-children that she had borne, a boy and a girl. At first he heard a voice that he thought he knew, and when he reached the place from which it seemed to come Rapunzel knew him, and fell on his neck and wept. And when her tears touched his eyes they became clear again, and he could see with them as well as ever. Then he took her to his kingdom, where he was received with great joy, and there they lived long and happily.

Raperonzolo

C'era una volta un uomo e una donna che da molto tempo desideravano invano un bimbo. Finalmente la donna scoprì di essere in attesa. Sul retro della loro casa c'era una finestrella dalla quale si poteva vedere nel giardino di una maga, pieno di fiori ed erbaggi di ogni specie. Nessuno, tuttavia, osava entrarvi. Un giorno la donna stava alla finestra e, guardando il giardino vide dei meravigliosi raperonzoli in un'aiuola. Subito ebbe voglia di mangiarne e, siccome sapeva di non poterli avere, divenne magra e smunta a tal punto che il marito se ne accorse e, spaventato, gliene domandò la ragione. "Ah! Morirò se non riesco a mangiare un po' di quei raperonzoli che crescono nel giardino dietro casa nostra." L'uomo, che amava la propria moglie, pensò fra s': "Costi quel che costi, devi riuscire a portargliene qualcuno." Così, una sera, scavalcò il muro, colse in tutta fretta una manciata di raperonzoli e li portò a sua moglie La donna si preparò subito un'insalata e la mangiò con avidità. Ma i raperonzoli le erano piaciuti a tal punto che il giorno dopo la sua voglia si triplicò. L'uomo capì che non si sarebbe chetata, così penetrò ancora una volta nel giardino. Ma grande fu il suo spavento quando si vide davanti la maga che incominciò a rimproverarlo aspramente per aver osato entrare nel giardino a rubarne i frutti. Egli si scusò come poté, raccontando delle voglie di sua moglie e di come fosse pericoloso negarle qualcosa in quel periodo. Infine la maga disse: "Mi contento di quel che dici e ti permetto di portar via tutti i raperonzoli che desideri, ma a una condizione: mi darai il bambino che tua moglie metterà al mondo." Impaurito, l'uomo accettò ogni cosa e quando sua moglie partorì, subito comparve la maga, diede il nome di Raperonzolo alla bimba e se la portò via.

Raperonzolo divenne la più bella bambina del mondo, ma non appena compì dodici anni, la maga la rinchiuse in una torre alta alta che non aveva scala n, porta, ma solo una minuscola finestrella in alto. Quando la maga voleva salirvi, da sotto chiamava:

"Oh Raperonzolo, sciogli i tuoi capelli

che per salir mi servirò di quelli."

Raperonzolo aveva infatti capelli lunghi e bellissimi, sottili come oro filato. Quando la maga chiamava, ella scioglieva le sue trecce, annodava i capelli in alto, al contrafforte della finestra, in modo che essi ricadessero per una lunghezza di venti braccia, e la maga ci si arrampicava.

Un giorno un giovane principe venne a trovarsi nel bosco ove era la torre, vide la bella Raperonzolo alla finestra e la udì cantare con voce così dolce che tosto se ne innamorò. Egli si disperava poiché, la torre non aveva porta e nessuna scala era alta a sufficienza. Tuttavia ogni giorno si recava nel bosco, finché, vide giungere la maga che così parlò:

"Oh Raperonzolo, sciogli i tuoi capelli

che per salir mi servirò di quelli!"

Così egli capì grazie a quale scala si poteva penetrare nella torre. Si era bene impresso nella mente le parole che occorreva pronunciare, e il giorno seguente, all'imbrunire, andò alla torre e gridò:

"Oh Raperonzolo, sciogli i tuoi capelli

che per salir mi servirò di quelli!"

Ed ecco, ella sciolse i capelli e non appena questi toccarono terra egli vi si aggrappò saldamente e fu sollevato in alto.

Raperonzolo da principio si spaventò, ma ben presto il giovane principe le piacque e insieme decisero che egli sarebbe venuto tutti i giorni a trovarla. Così vissero felici e contenti a lungo, volendosi bene come marito e moglie. La maga non si accorse di nulla fino a quando, un giorno, Raperonzolo prese a dirle: "Ditemi, signora Gothel, come mai siete tanto più pesante da sollevare del giovane principe?" - "Ah, bimba sciagurata!" replicò la maga, "cosa mi tocca sentire!" Ella comprese di essere stata ingannata e andò su tutte le furie. Afferrò allora le belle trecce di Raperonzolo, le avvolse due o tre volte intorno alla mano sinistra, prese le forbici con la destra e "zic zac," le tagliò. Indi portò Raperonzolo in un deserto ove ella fu costretta a vivere miseramente e, dopo un certo periodo di tempo, diede alla luce due gemelli, un maschio e una femmina.

La stessa sera del giorno in cui aveva scacciato Raperonzolo, la maga legò le trecce recise al contrafforte della finestra e quando il principe giunse e disse:

"Oh Raperonzolo, sciogli i tuoi capelli

che per salir mi servirò di quelli!"

ella lasciò cadere a terra i capelli. Come fu sorpreso il principe quando trovò la maga al posto dell'amata Raperonzolo! "Sai una cosa?" disse la maga furibonda "per te, ribaldo, Raperonzolo è perduta per sempre!" Il principe, disperato, si gettò giù dalla torre: ebbe salva la vita, ma perse la vista da entrambi gli occhi. Triste errò per i boschi nutrendosi solo di erbe e radici e non facendo altro che piangere. Alcuni anni più tardi, capitò nello stesso deserto in cui Raperonzolo viveva fra gli stenti con i suoi bambini. La sua voce gli parve nota, e nello stesso istante anch'ella lo riconobbe e gli saltò al collo. Due lacrime di lei gli inumidirono gli occhi; essi si illuminarono nuovamente, ed egli poté vederci come prima.

CPSIA information can be obtained
at www.ICGtesting.com
Printed in the USA
BVHW040216060121
597107BV00018B/742

9 781801 254045